项目管理核心资源库 · 敏捷项目管理

[美] 肖恩 · 贝林 著
(Shawn Belling)
李建昊 贾 非 译

通过混合敏捷获得成功

使用混合方法交付项目

SUCCEEDING WITH AGILE HYBRIDS

Project Delivery Using Hybrid Methodologies

電子工業出版社
Publishing House of Electronics Industry
北京 · BEIJING

图书在版编目（CIP）数据

通过混合敏捷获得成功：使用混合方法交付项目 /（美）肖恩·贝林（Shawn Belling）著；李建昊，贾非译. —北京：电子工业出版社，2022.6
（项目管理核心资源库. 敏捷项目管理）
书名原文：Succeeding with Agile Hybrids:Project Delivery Using Hybrid Methodologies
ISBN 978-7-121-43184-5

Ⅰ. ①通… Ⅱ. ①肖… ②李… ③贾… Ⅲ. ①项目管理 Ⅳ. ①F27

中国版本图书馆CIP数据核字（2022）第060335号

责任编辑：卢小雷
印　　刷：三河市华成印务有限公司
装　　订：三河市华成印务有限公司
出版发行：电子工业出版社
北京市海淀区万寿路173信箱　　邮编100036
开　　本：720×1000　1/16　印张：13.5　字数：151千字
版　　次：2022年6月第1版
印　　次：2022年6月第1次印刷
定　　价：68.00元

凡所购买电子工业出版社图书有缺损问题，请向购买书店调换。若书店售缺，请与本社发行部联系，联系及邮购电话：（010）88254888，88258888。
质量投诉请发邮件至zlts@phei.com.cn，盗版侵权举报请发邮件至dbqq@phei.com.cn。
本书咨询联系方式：（010）88254199，sjb@phei.com.cn。

前言

作为混合敏捷框架的实践者和培训师，我将自己获得的实用经验，以及在教学和培训时教授的内容通过本书进行了综合呈现。本书的素材来自我所开发和教授的课程、制作的演示文稿，以及我为许多出版机构所写的文章。

本书的目的是提供关于敏捷框架、敏捷实践和敏捷技术在实际应用中的见解及想法，以帮助读者成功地使用混合方法交付项目——这是大多数尝试实施敏捷的组织最终选择的实践方式。本书并不打算为任何特定的敏捷框架提供一种纯粹的方法。本书在关注混合方法应用的同时会引用一些业界的敏捷框架，在此对这些框架的作者或一些著名的培训师表示感谢。

本书基于实践讨论混合敏捷框架，并从实际场景和关键敏捷角色与敏捷行为的角度进行举例说明。本书将为实践者提供一些模型和实例，以帮助他们理解敏捷实践并进行建模。希望本书能帮助实践者更容易地开展敏捷实践之旅。

在撰写本书时，我假设读者已对敏捷项目管理和瀑布项目管理有了一定的了解并具备相关的经验。如果你不拘泥于某种特定的敏捷方法，能够更加开放地接受非方法论带来的实际好处，并乐于在自己的组织和应用领域中加以采纳和使用，你将从中获得更多的收益。

目录

第1部分　混合敏捷

第3部分　敏捷的高级主题

第1部分

混合敏捷

第1章

定义混合敏捷

结合部——我们真正工作的地方

我的经验是，大多数组织发现自己处于计划驱动项目管理（又称瀑布项目管理）和敏捷项目管理之间的结合部。一个组织在结合部中所处的位置是由多种因素决定的。许多组织找到了自己在这个结合部中的某个位置，并使用了一种混合方法，即一种考虑了这些因素并同时能从瀑布和敏捷中获益的方法（见图1-1）。

当许多组织通过将瀑布和敏捷进行混合来制订自己的项目管理实践方案时，了解它们在结合部中的位置及其原因是很重要的。

如果你正在开发一款创新产品，那么你的组织拥抱敏捷的程度越高，该产品的竞争力就越强。但是，对于那些建造发电厂或制造船舶的组织，或者生物制药行业的组织来说，有一些因素使得计划驱动的方法（瀑布）会更加适合它们的项目。

影响组织在结合部中所处位置的因素如下：

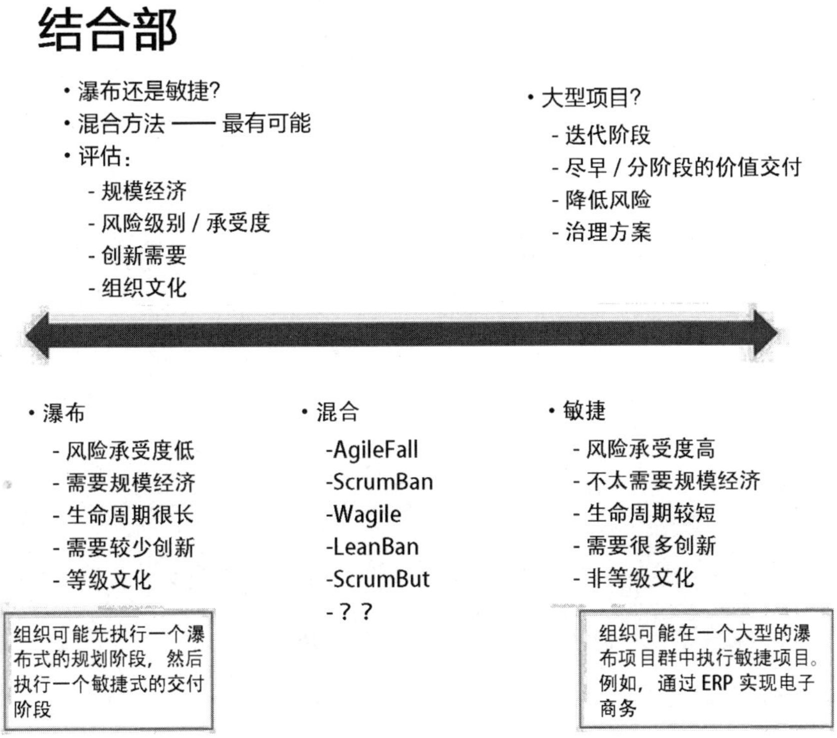
结合部
• 瀑布还是敏捷?
• 混合方法 —— 最有可能
• 评估:
- 规模经济
- 风险级别 / 承受度
- 创新需要
- 组织文化
• 大型项目?
- 迭代阶段
- 尽早 / 分阶段的价值交付
- 降低风险
- 治理方案
• 瀑布
- 风险承受度低
- 需要规模经济
- 生命周期很长
- 需要较少创新
- 等级文化
• 混合
-AgileFall
-ScrumBan
-Wagile
-LeanBan
-ScrumBut
-？？
• 敏捷
- 风险承受度高
- 不太需要规模经济
- 生命周期较短
- 需要很多创新
- 非等级文化
组织可能先执行一个瀑布式的规划阶段，然后执行一个敏捷式的交付阶段
组织可能在一个大型的瀑布项目群中执行敏捷项目。例如，通过 ERP 实现电子商务

图1-1 结合部中的混合

- 生命周期。当一个组织的项目成果具有较长的生命周期时，计划驱动的方法往往是标配的方法。在造船、桥梁建设、办公楼建设等领域，创新的发展并不像在电子或计算机软件领域那样迅速。

- 规模经济。如果一个大型项目需要投入大量的资源并提前做出承诺，在这种情况下可以采用计划驱动的方法。例如，建造一座发电厂需要大量的混凝土和钢材，以及与之配套的大量可靠的劳动力。而对于一个需求仍在演进的软件开发项目来说，如果一次就决定投入大量的开发人员会产生潜在的浪费。

- 风险级别。如果一个组织需要将风险限制在最小的级别，那么该组织将发现自己处于结合部的计划驱动的方法一端。例如，正在开发一种影响生命安全的医疗设备的组织，就必须从产品设计、项目执行，以及任何的后续阶段中将相关风险去除。这个因素促使组织在项目生命周期的早期就要进行大量的计划和研究，从而识别并管理风险。

- 创新需要。以创新为目标与以风险最小化为目标的情况有所不同，一个组织越能为了具备竞争力而接受风险和早期失败，就越能变得敏捷。这种灵活的项目管理方法，有助于创新企业通过快速推出新版本的产品（无论是软件、硬件，还是其他实体产品）来赢得竞争。此外，这样做还允许组织在未来的迭代中快速实现客户反馈。

- 组织文化。或许，最重要的影响因素是组织文化。大型组织和官僚化的组织很快就会发现，使用敏捷方法是比较困难的，因为这需要快速决策、直接参与和反馈，以及对输入的立即响应。那些比较官僚化的组织处在结合部中更加靠近计划驱动方法的一端。在这些组织中，当管理层级和较长的审批流程成为组织文化的一部分时，组织可能很难完成快速发布或战略转向。

讨论“混合敏捷中的结合部”这一议题，是要认识你的组织所处的位置，以便在各种项目管理决策中加以考虑，包括项目的选择、方法论的使用、顺利引入敏捷和成功转型的可能性评估。在了解组织在结合部中的位置时，没有必要强制规定或排除一种方法，也没有必要预测敏捷实施的成功或失败。相反，在考虑可能的选项，以及在战略或战术级别上做出项目管理决策时，了解组织在结合部中的位置可以帮助实践者更加清晰地理解现实的情况。

组织基于自己的情况制定混合的项目管理策略，这恰恰就是现实所在。我曾经在大型企业资源规划（Enterprise Resource Planning，ERP）的项目集中工作过，整个项目集都是由项目管理办公室（Project Management Office，PMO）站在高度计划驱动的角度来整体控制其运行的。然而，在项目集层级之下，瀑布项目和敏捷项目的活动与其度量指标同时出现，并反映到项目集级别，以用于整体报告。在这个例子中，由我负责的电子商务项目在计划驱动的项目集结构下使用了高度敏捷的方法。

混合的举例

项目管理的混合模型结合了瀑布的元素和敏捷的元素，或者结合了两个敏捷框架的元素。示例包括AgileFall、ScrumBan、LeanBan和FrAgile（Friendly Agile）。现在，需要重点关注的是，许多（可能不是绝大部分）交付项目的组织都处在结合部（前文已描述）的中间位置。正是在这个中间位置，组织可以同时利用计划驱动和敏捷实践的元素。请注意，这些元素对组织特定的文化、业务和项目的成功都能发挥一些作用。

这些组织是基于现实和追求实效的，组织并不会只僵化地遵循项目管理方法论的使用说明，因为这些方法论可能不完全适合其文化或业务的本质属性。这些组织利用经验丰富、训练有素的专业人员，通过将最实用和最适合的方法及框架中的元素相结合来完成工作。在这些组织中，方法论本身并不重要。正如杰西・费威尔（Jesse Fewell）所说，方法论没有那么重要，重要的是对方法论进行调整，从而适应项目和组织的需要与现实（Fewell，2010）。

学习和思考如何通过混合敏捷来获得成功的最好方法是，描述一些混合敏捷的例子。有一天，我搜索了一下AgileFall这个术语。我以为我创造了一个新的术语。但是，当我看到数千个关于AgileFall的搜索结果时，我意识到许多实践者早就在思考这个问题，即许多组织不但采用了传统的瀑布的元素，还将它们与敏捷的元素结合起来。如前所述，这种混合与组织在结合部中的位置有很大关系。

有许多关于混合的例子，可以将瀑布的元素和敏捷的元素结合在一起，也可以将多种敏捷方法结合在一起。我们将举例说明如何做到这种混合，以及为什么这种混合会奏效，并考虑如何对其进行评估，以便在你的组织和项目中加以使用。

AgileFall

一些敏捷方法论的纯粹主义者对AgileFall的想法感到恐惧。在很多文章中，作者论述了为何AgileFall是一件“坏”事，以及如何应对它。事实上，许多组织发现，这是一个甜蜜点和舒适区。AgileFall（或者像我以前的一个同事那样，喜欢称它为“Wagile”）可用来在敏捷的灵活性、适应性和通过预测计划进行学习之间获得一种平衡。瀑布和敏捷两种方法论各有各的好处。如果对这两种方法论中的元素进行深思熟虑和恰当使用，可以获得好的结果，但如果只是僵化地使用一种方法论，是无法获得成功的。

对于一些垂直行业的组织来说，如咨询、定制产品开发、软件开发及其他一些细分领域的企业，都可以在整体上实施敏捷方法，并融入瀑布方法的一些元素，从而获得收益。作为一家电子商务云软件公司实施部门的专业服务主管，我需要预先与客户进行一定程度的讨论，包括工作量、范围和需求。然而，这个项目需要有一定的自由度，因为客户在每个Sprint（冲刺）之后都能看到可交付成果，他们对产品的反馈和使用体验，这会引导项目团队更好地理解客户真正想要的是什么。

这将导致配置和可交付成果的变更，以及关于特性和功能的全新想法。因此，在项目执行和项目交付中使用敏捷方法是至关重要的。AgileFall可以在这样的场景中发挥很好的作用。其中的关键是，要尽早与客户建立伙伴关系，并且对确定性水平非常清楚，但也要强调敏捷和灵活的迭代学习与执行方法对满足客户的最终需求是至关重要的。

我对这种AgileFall项目和客户伙伴关系采取的方法是，收集需求并与客户确定范围，从而大致估算出参与程度和项目持续时间。这有助于确定预算，并明确告知客户一些可预期的开销。我非常清楚地设定了客户的期望。例如，每2周完成1个Sprint（8个Sprint就相当于16周的工作），每个Sprint都会发生一些变化，这可以鼓励客户思考不同的方式，从而对他们想要的软件进行调整或定制化。AgileFall提供了灵活性，如果客户想要增加预算和延长项目持续时间，我们可以重新排列特性的优先级，或者增加一些Sprint。

ScrumBan

ScrumBan是Scrum和看板（Kanban）的混合体。Scrum是一种著名的、被广泛使用的敏捷框架，本书将在后面进行详细描述。简言之，Scrum使用预先定义的和循环使用的规则、角色和流程，来加速高质量产品的发布。Scrum中的一个要素是，使用带有时间盒的迭代或Sprint，团队在此期间承诺并专注于完成一个特定的工作增量。Scrum有既定的会议——每日站会、Sprint评审会议及Sprint计划会议（Alexander，2017）。Scrum团队在Sprint计划会议上决定他们将承诺的工作，在Sprint的执行中专注于完成这些工作。在Sprint中很少允许变更。

看板的名字来自卡片的使用，卡片是准时制（Just-in-Time）生产和交付的一个组成部分。看板使用可视化的框架来鼓励持续改进，使用可视化的工作流来限制在制品，并将期望的需求与团队的交付能力相匹配。看板和Scrum一样，也依赖自组织的团队。看板中几乎没有定义“正式的”角色，由团队根据需要对方法或流程做出改变。与Scrum不同的是，在看板的流程中，通常不会使用带有时间盒的迭代或Sprint（Alexander，2017）。在制品数量是唯一的限制因素，看板方法中没有规定工作的开始和结束时间。

ScrumBan使用Scrum作为一种执行方法来开展工作，并使用看板的要素来寻求和实现持续改进。ScrumBan有助于集中精力管理正在进行的工作，这是看板的核心要素。通常，Scrum适用于新产品开发，看板适用于制造业，而ScrumBan对于维护类项目，以及在同时具备新产品开发和维护工作的垂直领域中的项目都非常有用（Pahuja，2017）。

ScrumBan将Scrum的框架和流程与看板的流程改进要素和拉动式流程结合起来。Scrum依靠待办事项列表来管理工作，依靠燃尽图来可视化工作的完成情况，而ScrumBan则聚焦流程优化和平滑在制品队列。团队使用一块白板来跟踪工作，将待办事项限制在固定的规模之内，并定期执行计划，对优先级进行排序，向待办事项列表中增加新的条目。演示和回顾也可以定期进行，但不会在规定的Sprint结束时进行（Pahuja，2017）。

ScrumBan中的估算包括规划工作的单元，这些工作的单元以大致相同的规模进入团队的在制品队列，而不像Scrum那样，各种规模的用户故事都混杂在一起（本书将在后面进行详细描述）。估算工作会按需进行，而不仅仅在一些特定的时刻（Sprint计划会议）进行。ScrumBan团队可能是专业化的，每天都在一起工作，（Scrum更倾向于团队是跨职能的）。ScrumBan允许改变那些已经规划好的工作——这与Scrum不同，Scrum通常会在Sprint过程中锁定Sprint的承诺。

萨维塔·帕胡贾（Savita Pahuja）列出了ScrumBan的优势：更高的质量、即时的事实调查和决策、较短的前置时间、持续改进及流程优化。帕胡贾还指出，ScrumBan在实践层面上像Scrum，但在文化层面上更像看板，这样可以减少不和谐因素，更像一种进化。

瀑布计划—敏捷执行

许多组织既寻求瀑布计划的安全性，以及更为慎重的项目启动方法，也寻求敏捷执行的灵活性和机会，从而可以进行增量的和快速的价值实现。这些组织认识到制订计划的工作是有价值的，但计划本身可能是没有价值的，而且在大多数项目中，计划是会改变的。因此，这些组织在执行那些已经计划好的项目时，可以通过使用敏捷的策略来拥抱变化。

项目管理协会（Project Management Institute，PMI）规定，在大家常说的瀑布项目管理方法中，启动和规划是前两个阶段。当一个组织将瀑布计划与敏捷执行相结合时，可能要执行启动和规划中的许多步骤，包括团队组建、项目基础设施建设、沟通和干系人管理，以及一些风险管理工作。

组织需要恰到好处地结合这些方法，从而避免在前期花费大量时间来定义需求。这就需要认识到项目的变化，并接受这种变化，从而帮助组织认识到敏捷执行的真正价值。这些组织在执行阶段将通过Sprint来完成发布，不断地梳理待办事项列表中的原始需求，并根据项目的发展和干系人的要求，添加或删除相应的特性和需求。尽管这些组织的项目经理在前期做过一些规划，他们可能认为自己已经对项目的工作量和持续时间有了比较好的预判，但是，随着项目的推进，他们对工作的输出和团队的工作方式会有更多的了解，为了能够交付期望的项目范围，项目的持续时间和总工作量也将发生变化。

使用瀑布计划—敏捷执行的组织，可以实现快速的价值交付。随着项目通过每个Sprint而取得进展，组织可以评估团队的完成情况，并确定已完成的工作是否可以发布或部署。这些组织不会像使用瀑布执行方法的组织那样等到最后才交付价值，而是通过使用瀑布计划—敏捷执行的方法来实现增量的价值和潜在的早期项目交付。

这种方法对于那些正在采用敏捷方法的组织来说也很有用，只是这些组织的领导层可能还不适应完整的端到端敏捷方法。保留瀑布计划的元素，有助于为组织的领导层提供一定程度的舒适感——他们看到了估算和风险管理元素在项目启动和规划期间是特别有用的，同时发现了一些机会，可以通过敏捷执行来实现快速的和增量的价值交付。

混合的环境

或许，最复杂的混合情况是，在组织内相同的项目交付环境中，将瀑布项目、敏捷项目及混合敏捷项目都交织在一起。这些组织在运行瀑布项目的同时，也会运行敏捷项目或混合敏捷项目。这种高度混合的环境，需要非常成熟的项目管理实践，并且要求项目经理对所使用的每种方法论和框架都做到完全理解和精通。

在混合环境中，最具挑战性的部分是整合度量指标，以及在某些情况下的跨瀑布项目和敏捷项目的依赖关系。我们必须设计相关的项目治理结构，以便处理来自所有类型项目的度量指标，并对它们进行整合，使之成为项目治理团队或治理委员会可利用的信息。

使用不同方法论的多个项目往往存在依赖关系，所以必须让这些项目的计划和可交付成果在彼此之间清晰可见。敏捷项目的项目经理可能与瀑布项目的项目经理进行协商，基于各自的项目计划和发布计划，确保那些存在依赖关系的可交付成果在Sprint中是可用的。

在这种混合环境中，挑战是瀑布项目可能已经为敏捷团队所依赖的可交付成果制订了实施计划，但实施的进度落后了。规定的计划驱动方法可能不太适合敏捷式的重新计划，也无法交付敏捷团队所依赖的这些工作项，而敏捷团队往往已经在他们的发布计划中，把这些相互依赖的工作项包含在某个Sprint中。

在识别这个问题后，可能存在的一个好处是，敏捷团队确实可以灵活地进行处理，更新他们的发布计划，从待办事项列表中拉出工作项，或者重新制订他们的发布计划，以便能够适应瀑布项目所依赖的工作项的延迟交付。

案例研究

让我们来看一些案例研究，它们说明了如何通过瀑布方法和敏捷方法的混合，来帮助组织适应并采纳新的方法来执行项目。在每个案例中，组织都会发现将敏捷的元素与瀑布的元素结合在一起，对于实现组织的目标来说，在某种程度上是适合的。

现实的绝望——尝试敏捷

2005年，我曾经在一家生物制药公司中担任项目经理，负责一个大型的、失败的、计划驱动的电子商务系统平台重建的项目。这个项目的失败存在几个关键的原因，其中最主要的原因是供应商低估了项目的工作量，他们想后续通过变更请求来重新谋取利润，当然，也是因为公司领导层迫使供应商压低了他们的预算。幸运的是，我们做了项目预算管理，当我们最终与供应商分道扬镳并将项目带回公司进行内部实施时，我们保留了大部分预算。

在这种情况下，团队通常不会先选择使用敏捷实践——所以，这个项目第一版的失败是显而易见的，甚至我们中有些人会惊讶于还能保住当前的这份工作。然而，项目团队已经知道计划驱动的方法在第一次尝试中失败了，这个项目中有太多我们所不知道的新技术实现，以及一些复杂的电子商务流程如何在这个新的平台上工作，以至于我们不能再次尝试计划驱动的方法。我们戏称这个项目为“.NEXT”，因为我们当时正在实现一个微软电子商务系统，使用的是“.NET”框架中最新的元素进行大量的定制开发。

团队几乎没有任何敏捷实践方面的经验，也没有接受过正式培训，但我们决定使用特性驱动开发（Feature Driven Development，FDD）的方法，并开始执行每日站会。我们将项目分解出许多主要的组件特性，并基于这些特性集合的逻辑顺序重新进行计划。迭代的长度根据特性集合的大小而变化——有的迭代只有3周，有的迭代却长达8周。一旦确认完成，我们就向最终用户演示并发布每个特性集合，并且我们逐步为开发团队搭建了一个严格的构建和测试框架。

简言之，对于当时的团队和项目场景来说，我们采用了务实且有效的方法。在这个项目中，并不是所有的工作都能按照计划进行，我们也比最初预计的完成时间延迟了几个月，但是，特性驱动开发方法使我们能够在处理每个特性集合时告诉业务人员我们正在学习，并在每次发布后更新我们的计划完成日期。团队和组织进一步采用敏捷方法非常重要，与之同等重要的是，学习在团队和组织中发生了。

这个项目完成后，团队总结了自己的经验教训，转变成为期2周的Sprint和发布节奏用于交付增强版的特性，这个节奏一直持续了16个月。这也为组织奠定了基础，以增量和务实的方式继续采用敏捷方法，相关的举例还将在本书中出现。

健康保险公司

最近一年，我在一家大型健康保险公司做咨询。这是一个高度计划驱动的组织，设有一个大型的项目和项目集管理办公室（Project and Program Management Office，PPMO），其中包括几个领导者和许多项目经理。公司的IT部门是按照IT的职能组织起来的，与PPMO是分开的。整个组织等级森严且非常官僚化，因此组织很自然地处于结合部中偏向于计划驱动的一端。这个组织奋力去完成项目——组织批准并启动了一个大型技术驱动的项目，并假设存在大量的需求收集工作，而此后的软件开发执行也需要依赖这些需求，所以做了大量的前期计划。随着项目的执行，关键的领域出现了进度滞后和资源不足的情况，而在其他领域中则出现了人员过剩的情况。

这个组织还没有认识到，由于对软件和技术的依赖逐渐增加，组织需要在结合部中向靠近敏捷的一端发展。实际上，该组织不仅仅是一家医疗保险公司，它已经成为一家科技公司。当组织考虑并启动第一个敏捷项目并组建敏捷团队时，我也参与其中。因为我曾经在组织的PPMO部门中工作，经历过一些大型瀑布项目，所以通过这个视角我建议组织做出必要的改变，如此才能变得更加高效，才能意识到自己正在演变成一个更加依赖技术的组织。

一年后，我给出的建议是改变组织的整体运营模式和项目交付模型，使其成为一个更加敏捷的组织。我建议进行一些务实的敏捷变革，利用经验丰富的职能领导者作为产品负责人（Product Owner，PO），并将他们与技术团队结对来识别机会，从而通过技术手段转换和消除运营的瓶颈。我建议组织改变PPMO模式，将项目经理嵌入业务职能领域中，这样项目经理就成了真正的业务伙伴，而不是作为服务的职能。最重要的是，我建议在考虑和启动项目时要做到严密和遵守规程；在批准和执行项目时要坚决地进行优先级排序。

在我完成了自己的任务并提出建议后不久，这家医疗保险公司重组了PPMO和IT部门，并雇用了一家专门从事敏捷转型的公司。公司开始按照我的建议进行转型，并继续向结合部中的敏捷一端前进。

生物制药公司和水泥公司的SAP与电子商务

SAP是最大和最著名的ERP系统之一，通常使用规定的、计划驱动的方法来实现。实施SAP的组织通常会雇用一个在SAP方面有经验的咨询伙伴，来计划和领导它们的实施方案。ERP的实施对于任何组织来说都是一项重大的工作，并且肯定会从计划驱动的方法中获益。然而，即使是一个计划驱动的项目集，组织也会发现在这个项目集的项目中，利用敏捷实践是务实且必要的。我在SAP的两次实施中都经历过这种情况——一次是针对美国中西部的一家生物制药公司，另一次是针对泰国曼谷的一家大型水泥公司。

在这两个例子中，组织都存在于结合部中的计划驱动的一端，并且它们的SAP实施项目都采取计划驱动的方法，这也是恰当的。在这些场景中，出于实际需要，我在电子商务项目中使用了敏捷实践。我们获得的经验是，如何在计划驱动的项目中协调敏捷交付方法，除此之外，每个SAP项目都有两大学习活动。

在生物制药公司的SAP实施过程中，SAP项目团队开始逐步采用各种敏捷实践，直到最后才用了“回放”（Playback）（这个术语指的是在测试驱动ERP系统中进行迭代的尝试），SAP项目团队将回放的要素称为“Sprint”，每天执行站会，以讨论当天的计划并识别障碍。这显示了一个繁重的计划驱动项目是如何从实施敏捷项目的实践中获益的。

在水泥公司的SAP实施中，电子商务系统（由于各种原因）是后来才被考虑的，所以我们公司的软件系统和实施团队也是后来才加入整个项目中的。这个SAP项目的运行，是由一家世界上最大的全球化咨询公司的PMO来完成的，他们使用的项目模式与我以前的经验类似。一到曼谷，我和项目总监还在倒时差时，就被叫去见“CIA”，这让我们非常惊恐，后来我们才得知“CIA”在泰语中是PMO的首字母缩写。

PMO坚持要求我们遵循他们的项目管理方法，并开始提供与他们的总体规划相一致的项目工件。项目总监向我解释说，由于我们的产品和团队加入他们的项目比较晚，并且敏捷是我们快速实施的常规方法，所以我们将使用我们的方法，同时尽可能地与他们的报告需求保持一致。毫无疑问，这种方法的成功证明了敏捷项目可以在计划驱动的项目集中很好地运行。

Salesforce

Salesforce倾向于在发布周期的早期采用瀑布的方法，然后随着发布的进行而加速，并过渡到敏捷实践（Ayers，2016）。这是切实可行的——混合方法允许像Salesforce这样的组织在制订计划时做到发布中的风险和确定性水平是可以接受的，与此同时，仍然承认变化是一定会发生的，所以会使用一种可以响应变化的方法，从而提供价值快速实现的机会——具有敏捷特质的项目管理方法。

总结

你已经了解了结合部，以及大多数组织如何在结合部中找到自己所处的位置和所采取的项目管理方法。你已经知道了一些关于组织及其项目在这个结合部中所处位置的影响因素。你已经看到了一些混合敏捷的例子——AgileFall、ScrumBan、瀑布计划—敏捷执行，以及瀑布方法和敏捷方法同时使用的环境。

本章的重点是要说明，大多数组织是在使用混合敏捷方法时才取得成功的，而不是使用一些“纯粹”的敏捷方法，混合方法可以利用瀑布的优点，并将其与敏捷的元素相结合，创建适合不同组织的方法论。一些专家和实践者认为，如果不遵循一种纯粹的方法，项目和组织就会失败；而我与他们的观点截然相反，我认为，一种实用的方法和一种适合你的组织的混合方法，才是最好的也是最现实的方法。

在第2章中，我们将通过重新审视结合部，来了解评估你的组织和项目的方法。我们会更加深入地了解你的组织的各个方面，它的结构和文化，以及所从事的项目类型。这将有助于你了解你的组织及其项目在结合部中所处的位置。

第2章

再谈结合部

你的组织在结合部中的位置

根据我的经验，对于组织的项目管理方法来说，最成功的变革往往是一小群实践者做出了决定，然后马上采取行动。无论是这些实践者在其他地方使用过一种方法，并希望将其带到他们的新组织中；还是他们听说过一些不同的方法，并希望进行尝试——这群实践者认为自己可以改进工作方式，他们自发的兴趣和热情是成功的基础。在Promega（一家生物制药公司，作者曾在该公司担任项目经理。——译者注），当“.NEXT”团队决定尝试特征驱动开发方法，并创建混合项目管理模型，然后在前进过程中扩展他们对敏捷的学习和使用时，所采取的就是这种变革的推进方法。

有时，要在某些项目或组织的选定部分中尝试使用特定的、不同的项目管理方法，这是高层领导者的决定。通常，这种决定包括告诉开展工作的团队，他们将要开始使用敏捷方法，而不是他们以前一直所使用的方法（以前最有可能的是基于阶段的方法或计划驱动的方法）。这样一来，实施可能进展顺利，也可能面临困境，这取决于当时的具体情况。尝试在不适合敏捷框架的项目中使用敏捷，或者将敏捷实践硬塞到人们还没有准备好或带给组织文化极大挑战的环境中，以上这些情况肯定会导致糟糕的结果，而且对于把敏捷作为项目管理方法的这种行为，人们会产生负面的看法。

这就是混合方法的用武之地。许多组织能够成功地从计划驱动项目管理方法过渡到混合项目管理方法，将现有计划驱动项目管理的工作元素与敏捷实践相结合，从而提供与组织的需要和目标相一致的结果。如果你认为这种做法是讲得通的，那么以一种有计划和有意图的方式进行实践就非常重要了。首先，要评估你的组织在结合部中的位置。

你在哪里

在第1章中，我讨论了结合部的概念，大多数组织并不是在极端的一侧运行，而是在这个结合部的某个位置上运行。我注意到，这是由于以下多种因素造成的：

- 组织中的业务。
- 风险承受度——这与业务、文化或领导力有关。
- 组织文化。
- 产品或可交付成果的生命周期。
- 规模经济。

- 创新需要。

为了考虑如何使用混合敏捷方法帮助你的组织取得成功，至关重要的一点是需要认真考虑你的组织在结合部中的位置。

为此，让我们来看一些组织案例，并分析哪些元素将影响组织在结合部中的位置。我们将考察七家业务领域不同、面临不同风险的公司。根据公司的历史和发展，每家公司都有不同的文化。我们将着眼于这些因素，以及它们如何影响组织在瀑布到敏捷之间的结合部中的位置（见图2-1）。

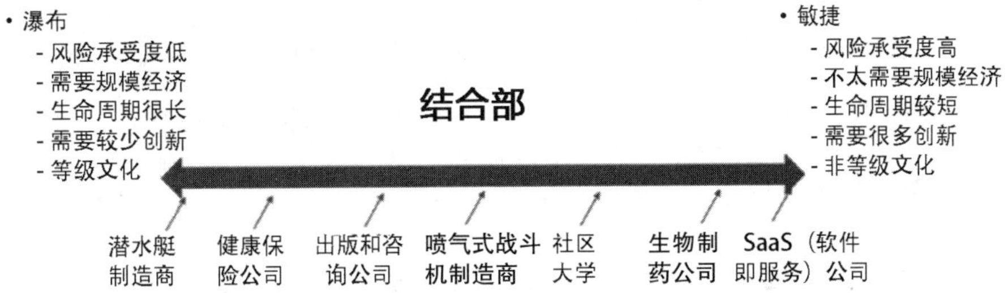
• 瀑布
- 风险承受度低
- 需要规模经济
- 生命周期很长
- 需要较少创新
- 等级文化
结合部
• 敏捷
- 风险承受度高
- 不太需要规模经济
- 生命周期较短
- 需要很多创新
- 非等级文化
潜水艇制造商
健康保险公司
出版和咨询公司
喷气式战斗机制造商
社区大学
生物制药公司
SaaS（软件即服务）公司

图2-1 案例公司在结合部中的位置

一个拥有50年历史的、在出版和咨询领域的家族企业，现在已经延续到了第三代。这家企业已经从印刷出版转型为软件和服务公司。最初的公司文化在50年的时间里发生了变化，从非常保守（注重印刷和出版）、有明确的可交付成果，转变为更加面向软件和敏捷产品。

一家拥有40年历史的生物制药公司，仍然由其创始人领导。该公司创始人曾经走访了一所重点研究型大学的几个实验室，并向实验科学家出售了一种试剂，以此开创了这家公司。这种企业家精神创造了一种非常扁平化和非正式的商业文化，并仍然有助于快速和承担风险的产品开发计划。

一个成立5年的SaaS（软件即服务）公司，目前已经获得了两个最大的客户，正在寻找投资人和新客户。这是一家新兴公司，仍在发展自己的文化，其文化必然是极其敏捷的。公司要做到向持续演进的平台和客户需求的快速转型，就要在文化和实践方面具有显著的敏捷力。

一家拥有55年历史的健康保险公司，由私人控股，非常传统和保守，但是领导层意识到其产品和IT实践已经过时，自己既是一家保险公司，也是一家科技公司。他们意识到需要利用最好的人才和技术来发展和壮大公司的业务，因此他们改变了自己的项目模型和组织模型，试图变得"更加敏捷"。

一所拥有100年历史的社区大学，用新的业务流程和技术改变了学生的体验。这所大学采用了一种面向产品的思维方式来改变业务流程，并以前所未有的组织敏捷力来实施技术。大学采用了敏捷和持续发布的方法来交付定期的、增量的业务价值，以及面向学生的特性。

一家拥有130年历史的潜水艇制造商，为美国海军和世界各地的其他国家海军建造潜水艇。当建造一艘必须在海平面以下1000英尺（1英尺=0.3048米）工作的潜水艇时，任何风险都不允许存在。潜水艇已经出现几十年了，其基本结构设计在这几十年里没有显著变化。由于与军事事务有关，因此企业必须拥有一种强大的等级指令控制文化。

与飞机制造商的典型假设不同，一家拥有90年历史的斯堪的纳维亚的喷气式战斗机制造商，每6个月就使用规模化Scrum改进并交付更好的飞机设计，它的基础战斗机被认为是最具成本效益的军用飞机。这是一个有趣的平衡，一方面是规模经济和较长的使用寿命，另一方面是创新的需要和对风险的承受度，当然，这需要考虑能否带来更好的产品和整体的项目成本管理。

评估项目

当你评估组织通常执行的项目类型，并帮助确定组织在结合部中的位置时，有几件事需要考虑。让我们来看一些项目的例子和特征，这些项目是处于结合部终端的一些具有代表性的项目。

首先，我们要考虑一般的可预测的项目环境：这些项目产出的交付成果是用混凝土、砖、钢、玻璃等制造的——所有东西都只需要制造一次，然后在很长一段时间内保持不变——这些交付成果具有较长的使用寿命，如建筑物、船舶或发电厂，或者实现一套主要的软件系统，如企业资源规划或电子病历（Electronic Medical Records，EMR）。

像这样的项目，目标往往是固定的——我们一开始就知道要达到的目标是什么，并且我们知道这个目标不会发生改变。事实上，在这些场景中，一旦项目开始执行，人们就不希望发生变更；而且如果在这些场景下允许变更，可能对项目是有害的。我们必须考虑项目计划，就像考虑从步枪里发射子弹一样——一旦发射了子弹，我们就无法引导它沿着轨道飞行——我们必须在确定射击时就已经瞄准了目标，所以我们要花时间仔细地瞄准。

这意味着我们在项目一开始就需要大量的战略层面的信息输入。这有助于制订一个非常详细的计划，使我们能够击中那个静止的目标。在适合计划驱动或瀑布方法的项目中，通常我们因交付了大型项目而获得规模经济效益，或者因发布了一个项目的大型增量成果而获得规模经济效益。所以我们非常强调控制、管理所有的结果、努力坚持计划，以及评估我们的进展并进行调整，从而严格执行计划，以实现我们的目标。

现在，让我们考虑一个非常不同的项目环境。在这种环境中，项目成果可能难以预测，因为快速变化是常态，这在软件开发、电子商务、手机游戏、生命科学研究或新产品开发等环境中经常发生。在这种环境中，目标通常是移动的。变化是有好处的，如果我们拒绝变化，就会产生不好的影响，导致我们的项目结果受到损害。

一旦工作开始执行，我们就会像引导导弹沿轨道飞行一样，前提是我们可以指导自己的工作。你发射了导弹，你就启动了工作，然后你可以进行航向修正，以确保你击中移动的目标或实现预期的成果。我们在整个项目生命周期中寻求战略层面的信息输入——这不是预先给出然后固定不变的东西，而是我们不断寻求的信息输入，从而可以确保我们在正确的轨道上。

快速反馈使我们能够接近并击中移动的目标（就像猎豹追赶羚羊一样），这很可能代表了一个项目的战略目标。我们可以通过快速的、迭代的发布来保持项目成果的相关性，这样价值就可以得到评估，并与不断变化的战略目标保持一致。我们通过不断地调整来实现我们的目标，因此为了获得适应性，我们放弃了一定程度的控制。表2-1说明了项目的瀑布和敏捷特性。

表2-1 项目的瀑布和敏捷特性

瀑布	敏捷
环境是可预测的；稳定是常态；混凝土/砖/钢/玻璃——几十年都一样=瀑布	环境是难以预测的；快速变化是常态；高科技、每周变化=敏捷>Scrum
静止的目标	移动的目标
变化是不好的；放任自流是有害的	变化是有好处的；抵制变化是有害的
工作是可定向的，就像子弹一样——瞄准，瞄准，开火	工作是可引导的，就像飞行中的导弹——修正航向，瞄准，开火，瞄准
仅在开始时需要战略层面的信息输入	在全程中都需要战略层面的信息输入
详细计划——静止的目标	快速反馈——移动的目标
通过规模获得规模经济效益	通过快速迭代发布实现相关收益
强调控制以实现目标	强调适应以实现目标——放弃一些控制

评估组织

当我在2011年开始教授敏捷项目管理时，我在课堂上问过这样一个问题：“你的组织准备好采用敏捷作为项目管理方法了吗？”正如我在2020年所写的更恰当的提问：“为什么你的组织不准备变得更加敏捷呢？”在21世纪的前10年里，《哈佛商业评论》发表了一系列关于商业领域敏捷实践的文章［Scrum是竹内弘高（Takeuchi）和野中郁次郎（Nonaka）1986年在《哈弗商业评论》发表的文章中首次提出的]。这些文章［许多是杰夫·萨瑟兰（Jeff Sutherland）和竹内裕仁（Hirohito Takeuchi）共同撰写的］考察了敏捷实践的日益普及，讨论了对此持谨慎态度的专家和学者的观点，以及提倡采用敏捷实践的观点。“组织敏捷力”作为一个新的流行语随处可见（在编写本章内容时，我确实收到了一封邮件，标题就是“组织敏捷力”）。

敏捷和混合敏捷方法已经从新产品开发和软件开发领域转向许多其他垂直领域和不同类型的组织中。这样的组织如约翰·迪尔（John Deere）（农业设备公司）、美国公共广播电台（公共广播电台）、萨博（Saab）（喷气式战斗机公司），以及一个著名的酒厂。以上只是组织采用敏捷实践的几个少数案例，这些组织采取了某种工作方法（如混合）来提升管理和运营水平，让员工走出职能筒仓，并进入新的和不同的思维方式（Rigby，Sutherland和Takeuchi，2016）。

评估你的组织是否处于向敏捷项目管理方法或混合敏捷方法过渡的有利位置是至关重要的。在你考虑引入一种新的项目管理方法时，应该考虑和评估许多方面。对你的组织进行全面、可靠和真实的评估，可以让你对将要攀登的山峰有个感性的认识。

首先要考虑你的组织文化。文化是一个复杂和多层次的因素，但一个重要的和明显的考虑因素是接受或容忍文化变革的意愿。变革从来都不是一件容易的事，如果组织文化特别抗拒变革，或者组织在过去经历过变革困难，那么采用敏捷或混合的方法进行项目管理就会特别困难。

在高度管制的行业中运作的组织，可能发现“完全的”敏捷是不适合的或不支持组织中的其他流程，也不能提供一个比计划驱动的项目管理方法更舒适的环境。也就是说，有些实践者已经在受监管的环境中实施了敏捷，并适当关注测试和验证的流程。在这样的组织中，混合方法可以很好地工作，将计划驱动和敏捷项目管理的元素加以混合，从而达到预期的结果。

与官僚主义较少的扁平组织相比，层级多和高度官僚主义的组织可能发现采用敏捷更加具有挑战性。对于那些已经精简了流程，并削减或避免了官僚主义的扁平化组织来说，敏捷中固有的那些持续和通用的非正式沟通流程，将自然而然地得到采纳。

认真审视一下你的中层管理人员。随着组织的成长和成熟，很普遍的一种现象就是中层管理人员的数量开始增长。通常中层管理人员倾向于关注界定和保护他们自己的地盘，组织必须解决这样的问题，而且理想情况是在考虑引入一种方法之前就解决这些问题。

官僚机构和中层管理人员的地盘，听起来相当令人生畏，但鉴于我的工作地点（威斯康星州麦迪逊市），我为许多组织进行过敏捷培训和教练，其中包括州政府机构和州立大学的IT部门，以及麦迪逊附近的大型保险公司。这些组织认为尝试采用敏捷实践或混合敏捷方法来改进它们的项目交付和运营执行是值得的。

关键成功因素

与任何变革举措一样，有一些关键因素可以帮助增加采用新项目管理实践获得成功的概率。与任何变革举措一样，组织中高层领导者的支持和参与，是至关重要的。在组织中培养受人尊敬的布道者，他们愿意提供支持并能够让组织中的同行产生兴趣，这将对变革有所帮助，同时组织也会在采用过程的早期安排一些较小的项目，以快速获得一些成就。

一旦组织决定进一步采用敏捷或混合敏捷，计划和投入一些良好的培训是很有必要的。这为实践奠定了坚实的基础，并使组织中的大多数成员集中在同一层面上。发展和培训内部专家并结合可靠的外部培训，有助于确保组织处于实施新方法的良好状态，同时能开发良好的流程来支持实施。

成功实施的技巧

- 领导层的认同和支持。
- 布道者。
- 一些小的、快速的胜利——从小处着眼，评估，适应。
- 良好的培训——通用的培训。

- 开发良好的流程。

布莱恩·拉邦（Brian Rabon）描述了一些实现敏捷项目管理的相关想法。拉邦指出，逐渐采纳和采取务实的方法是关键。拉邦还指出，并非一种方法的每个方面都应该教条地执行，因为（如前所述）公司的历史和文化会产生重要的影响。这再次说明混合方法可能是你的最佳选择。公司的历史和文化可能妨碍完全地采用敏捷，混合方法可以承认这些方面的现实，同时带来可取的好处。将变化作为敏捷的一部分是很关键的——使用敏捷的一个基本原则是接受变化。这并不意味着要放弃变更管理，而是要接受敏捷为项目中的变更，带来更加灵活的视角。

拉邦还强调了仆人式领导力的重要性。正如我们将在以后的章节中讨论的，对于在敏捷环境中工作的Scrum Master / 敏捷项目经理，以及高层领导者来说，仆人式领导力是非常关键的。拉邦提醒我们，作为敏捷环境中的项目经理，这意味着要关注团队，命令和控制的方法是行不通的。最后，拉邦建议寻找一个好的项目或客户作为试点敏捷实践的候选者。这个项目可能很小，不那么显眼，但是客户应该愿意并且能够完全参与到整个敏捷项目生命周期中来，并确保持续地参与 。

当尝试新的工作方法时，一个常见的做法是在低风险或不引人注意的项目中进行。这样，那些对试验新方法（如Linux服务器、敏捷开发、远程工作、弹性工作时间等）感兴趣的人，就可以在公开他们的实验之前看到哪些方法可行，哪些方法行不通。通过这种方式，一个组织中的一小群实践者可以尝试一些敏捷或混合敏捷的实用元素，看看在他们的环境中事情是如何进行的。作为一名培训师、顾问和领导者，我鼓励并支持这种做法，因为我已经多次看到这种做法可以起作用，而且其他做法（按照老方法做事）往往令人难以接受，因为尝试进行大规模变革就好比面对一座大山，无法一下子爬上去。

实例

我将在本书中介绍我在Promega公司使用混合敏捷方法的早期经验。2009年，一位新的高级主管卡里（Kari）加入了Promega公司，负责营销和IT方面的执行监督。卡里曾在一家本地的咨询公司取得了成功，她在那家公司通过使用敏捷实践实施电子商务项目，以此来发展业务。加入Promega公司后，她组建了一个积极的小团队，他们愿意接受并发展我们已经尝试过的一些敏捷实验。卡里请来了一些值得信赖的顾问，并投入经费组织了一些培训，来帮助团队扩展兴趣和提高能力，我们开始越来越多地使用敏捷实践——不仅在IT项目上，在跨职能的营销 / IT项目上也是如此。

在CloudCraze公司，我加入了一个尝试使用敏捷（Scrum）的小型产品开发团队，该团队由副总裁领导，副总裁也相信在我们的软件开发工作中使用敏捷的必要性。考虑到我之前接受过培训，有经验，也有信誉（因为我已经开始在威斯康星大学教授敏捷），领导团队接受并支持持续学习和采用Scrum——不仅用于产品开发，也用于面向客户的软件实施项目。

在为一家大型健康保险公司做咨询时，我被要求启动并领导一个网络门户优化项目，该公司出于各种原因希望在该项目上尝试敏捷。尽管方案中存在挑战，但这项努力得到了高层领导者的支持。公司还接受了我的提议，举办了一些简短的半正式的敏捷导入培训，让公司内部对敏捷有了一些基本的认识。敏捷从那里起步——在我完成这项任务后，公司对PMO和IT部门进行了重大重组，并启动了敏捷转型项目。

典型的障碍

在许多组织中，采用和实施敏捷都存在障碍。人们普遍认为，严格实施敏捷会暴露或突出其他领域的问题——我想说的是，在敏捷团队中没有藏身之处，在敏捷组织中也是如此。

通常，障碍来自领导或组织层面。许多高层领导者认为敏捷是一种快速或神奇的解决方案，因此希望看到敏捷的好处，而不需要在支持业务流程和理念方面做出真正的改变。正如我们在第1章中所讨论的，高层领导者必须是变革的一部分，而且实际上必须是领导和组织层面障碍的清除者。

同样，在职能层面上，也存在许多障碍。团队成员，尤其是那些觉得自己不需要参加每日站会的成员，经常会找借口不参加会议；很快，随着他们对于每日站会不抱有希望，他们参加每日站会的价值也就消失了。照这样发展下去，每日站会本身可能也会运行不佳，或者以一种无纪律的方式运行，这也削弱了每日站会的价值，使人们不愿意参加。

由于实施敏捷最佳实践可能带来一些习惯上的改变（如在同一地点办公，以及随时准备好合作），团队成员可能会加以抵制。成功实施敏捷所需要的团队协作和责任制，对于那些认为自己高高在上的人来说可能是个问题。同样，有些人不想为了敏捷团队中相对平等的地位而放弃他们的私人办公室或其他职务。

敏捷和混合敏捷方法依赖于产品负责人的持续指导和参与，很多时候，担任产品负责人这一角色的人工作太忙了，无法提供成为一名强大的产品负责人所需的密切参与和协作。也可能是他们不愿意或者没有能力做出艰难的决定，即他们无法对单个项目或者发布中要实现的特性待办事项列表进行优先级排序。

另一个障碍是，管理人员会使用敏捷生成的度量指标给团队施加压力。例如，管理人员没有使用速度作为可持续的绩效和吞吐量的度量指标，而是迫使团队更快地工作或承担更大的任务。

此外，还会出现更多的障碍，如组织中的某个部门（如IT或产品开发）选择采用敏捷，而组织中的其他部门仍保留管理项目的其他方法。同样，这是一个协调和混合的方法，它允许根据项目类型、部门需求和其他因素的灵活性做出最好的选择。前些时候，我注意到从2010年到2020年这十年间出现了令人鼓舞的发展趋势，显示出整个组织的敏捷力正在获得牵引，所以我们期待这些障碍会逐渐减少。

在软件开发中，思维方式的转变带来了极大的挑战，即从基于项目的软件交付模型向不断发展和持续的交付模型进行转变，在新模型中，团队可以维持一种定期增量发布的节奏。一般来说，以前的思维方式是在一个长期项目结束时，一次性获得所有的特性、收益和价值，而如果要转变这种思维方式对组织来说是一个问题，因为成员无法适应基于路线图的方法，在基于路线图的方法中，排好优先级的业务价值以增量、持续的方式进行交付。

在一些组织中，产品负责人这个角色是否具有相应的权力也是一个障碍。产品负责人需要艰难地做出选择，严格和持续不断地评估产品待办事项列表的价值，并能接受在当前的发布中交付一些需求，同时另一些需求留在以后的版本中进行发布。

看到自己力推的敏捷 / 混合敏捷方法的实施失败，人们或许会变得沉默，组织通常会经历这种情况，因为试图实施新方法的人最终会屈服于文化和组织的基础功能失调。组织中有影响力的人，通常是那些害怕、抗拒，或者怀疑任何项目管理新方法的人，他们会利用自己的影响力来破坏新方法的实施，因为他们害怕变革带来的影响，或者对于变革带来的价值缺乏耐心。为了应对这一挑战，敏捷教练的角色就变得非常重要和有价值，他们需要提醒组织为什么要采用新方法，并帮助组织评估如何让新方法的采用和实施走上正轨。

至关重要的一点是，确保组织中的每个人都明白敏捷并不等同于立即更快地交付。同样重要的是，要注意到，有时候团队所要采取的改变可能会暂时减慢他们的速度。经过观察，我多次提出建议，团队需要放慢速度才能走得更快。精益 / 敏捷教练汤米 · 诺曼（Tommy Norman）指出：

要谨慎地向干系人做出承诺，敏捷转型不会在一开始就提高交付速度。像Scrum和看板这样的方法有助于快速地暴露与交付相关的问题，但并不能解决这些问题。当第一次采用敏捷时，你将面临解决这些问题的机会，但这需要时间和实践。开始的时候，你可能会放慢速度，直到你能正确地解决问题。如果人们认为敏捷思维就是，在第一个Sprint结束时，生产力将获得显著提高，那么他们可能会感到失望，并开始认为实施敏捷就是问题所在。适当地设定期望值，有助于人们看到暴露和解决潜在问题的价值。让他们知道从放慢速度到加快速度的价值。

总结

我们已经讨论了理解组织和项目所处位置的重要性，它们位于结合部的中间，而结合部的两端分别是瀑布实践和高度敏捷实践。评估的元素包括：风险承受度、规模经济、生命周期、创新以及组织的文化，这些元素都是重要依据，可以决定你的组织和项目适合哪种混合方法，以及你可以把哪种瀑布的元素和敏捷的元素引入这种混合方法。在第3章，我们将讨论如何在组织中构建一种混合方法，我将通过自己经历过的一个成功案例，来说明如何帮助组织设计、构建和实施混合敏捷项目管理方法。

第3章

构建混合敏捷

准备，出发

前两章介绍并定义了混合敏捷，提供了一些例子，并给出了一个框架来评估你的组织和项目在结合部中的位置。结合部是在完全计划驱动的项目管理和非常敏捷的项目管理之间的连续区域。本章将提供一种思路，来帮助你实际构建混合敏捷的方法。至关重要的是，我们从一开始就需要认识到这将是一个迭代的过程，就像使用该方法来交付项目一样。假设你要构建一种新的方法，你将从应用这种方法的过程中不断学习，并不断地改进这种方法——就像在敏捷项目中所做的那样。

本章将讨论构建混合方法的场景，这个场景中的许多例子都来源于我所领导或参与过的一些项目。在这些例子中，组织有一个已经存在的项目管理方法（无论是基于阶段的方法、计划驱动的方法，还是刚开始尝试的敏捷方法）。组织不断发展演进，并开始对在项目交付中使用敏捷实践产生兴趣，这种方法逐渐演变成一种混合方法，或者在某些情况下，在同一个项目中同时使用计划驱动的实践和敏捷的实践。

注意：开发和改进混合敏捷项目管理方法是一个过程——一个迭代的过程。这与敏捷项目一样——从使用、迭代和改进中学习。

你知道什么

前两章展示了如何评估你的组织，并针对组织文化、结构及组织内运行的项目类型等，来确定你是否了解这些内容。这种对组织的自我认识，对于设计适合组织及其项目的混合敏捷方法是至关重要的。使用第1章和第2章中介绍的工具和例子，花一些时间来评估你的组织，并确认组织所处的位置及组织自身的情况，这对于你、你的团队、干系人、项目发起人及组织中其他有影响力的人来说都是至关重要的。形成组织及其项目管理所需要的、坚实的基础共识对于开发混合敏捷方法的第一个版本是至关重要的。

在这种情况下，提出“你知道什么”这个问题的目的是，让你思考这些已经存在的文化和流程元素。下面我将举例说明，并希望为你提供一些模式和想法，以便你能够了解如何在自己的组织内进行这些对话。

举例——技术咨询公司

2012年，我加入了一家技术咨询公司，担任首席咨询顾问和项目管理能力的主管。该公司有三条业务线：电子商务、所谓的CPQ（配置、价格、报价）和Salesforce实施实践。当我被要求更新项目管理、方案估算和开发流程时，我评估了组织的文化和通常交付的项目类型。考虑到我们经常实施的系统的各个方面，以及与我们一起工作的客户，很明显，我们需要对高度计划驱动的、基于阶段的现有项目管理方法不断进行改进。这一改进将帮助我们成为更加灵活的交付组织，并加速组织的成长。特别是在电子商务领域，我们开发了一种革命性的新SaaS产品，该产品可以被迅速地实施。我们了解到一些关键的信息：我们的客户已经开始采用敏捷实践，我们需要快速提升我们的项目，并且在不延长规划阶段的情况下开始进行交付。

举例——生物制药公司

我是这家生物制药公司的IT项目经理之一，在敏捷方法被用于一个大型电子商务平台的重组后，该方法才逐渐被采用。我们的IT领导和一位新任的市场营销总监对于推广和使用敏捷实践越来越感兴趣。

然而，我们都知道，组织中的其他部门刚刚开始使用和熟悉基于阶段、计划驱动的项目管理方法。我们认为，如果突然转向敏捷会导致不和谐和混乱，因为它需要更多的群众基础，但可以将敏捷作为现有项目管理方法的补充引入。

举例——州投资委员会

在写本书的几年前，我为一个州投资委员会做过一些咨询工作。

这个组织管理着我所在州的退休基金。该组织希望在其IT系统的开发和交付中利用更多的敏捷实践。

在引入敏捷的早期，我花了一些时间与提倡敏捷的人一起工作。重要的是要记住，投资，尤其是当你要为整个州的劳动力来管理退休基金时，规避风险的文化历来是大家所推崇的。项目发起人知道，这种对风险的厌恶已经渗透到组织文化之中。他还知道，组织中的大多数人在他们的职业生涯中都在使用瀑布项目管理实践，因此，将敏捷实践与瀑布实践结合在一起，可以有助于工作的执行。

当我们与有影响力的项目发起人和干系人进行交谈时，这种混合方法还可以帮助我们告诉这些有影响力的人，虽然采用敏捷不是强制性的，但是需要弄清楚哪些地方是他们该关注的，哪些地方可以获得最大的价值，（如果不采用某些实践的话）哪些地方将阻碍敏捷的采用，以上这些都是他们需要理解的重要方面。

举例——营销软件公司

2017年，我在一家云电商公司担任软件开发副总裁。作为工作的一部分，我专程与其他类似公司的开发负责人进行交谈，从而更多地了解他们的做法，以及对他们有用的方法。其中一位领导者哈里分享了他刚加入公司时的经历，他了解到公司具有行动缓慢的组织文化，有三个大型软件团队和一个旧代码库。他的职责是加快和扩展开发的流程。

他使用评估帮助自己决定了如何将项目管理方法转变为精益和看板的混合方法，并专注于实现流动性。这位领导者也认识到他需要改变有关团队领导力和责任的组织文化。要让这种混合方法发挥作用，至关重要的一点是灌输一种对完成和交付高质量软件共享责任的文化，在这种文化中，每个人都对质量负责——而不仅仅是质量保证团队。

你拥有什么

《项目管理知识体系指南》（简称《PMBOK®指南》）通常会提到所谓的“过程资产”。“过程资产”其实是组织对已经拥有的工具、流程和模板所起的一个花哨的名称。这些“过程资产”可能是现有的项目管理流程、工具和模板，也可能是其他业务流程、工具和模板。

根据你的组织及其在项目管理方面的现有成熟度，可能存在已经成功使用的“过程资产”，这些“过程资产”可以进行调整，或者作为一种基础逐步演进成混合敏捷的方法。如果这些元素正在起作用，也为组织中的其他成员所熟悉，并且有些元素在整个组织中被广泛采用，那么就没有必要“重新发明车轮”。

举例——生物制药公司

这家生物制药公司拥有一套现成的项目管理模板，在过去五年所执行的项目中，这套模板被广泛地使用、恰当地调整，并为组织中的大多数人所熟悉。随着混合敏捷方法的发展，这套模板不断地被调整，以反映敏捷实践使用的增加。我们会在适当的地方，创建新的模板来捕获一些工件，如用户故事。模板中一些实用的元素得到保留，同时增加了一些新的元素，用来反映敏捷实践和工件。

其中，用于项目请求和启动的文件就是一个很好的例子。我们保留了现有的项目章程，而不是创建一个新的文档用来启动那些可能使用敏捷实践运行的项目。章程中的某些元素得到了调整，以反映在早期阶段确定下来的项目元素较少，而随着项目的推进这些元素不断得到改进。

另一个例子是发布计划模板的引入。现有的基于阶段的方法中有一个文档，用于记录项目计划的内容。这个文档使用发布计划模板进行了扩充，并展示了最初如何在发布计划的Sprint中安排可交付成果。该文档还特别指出，它是一个动态的文档，将在每次发布后进行更新。

举例——技术咨询公司

这家咨询公司在创建自己品牌的项目管理方法的第一次尝试中就构建了“过程资产”。（出于某些原因，咨询公司通过项目为客户提供价值，所以有必要创建自己品牌的项目管理方法。）我认为其中一些可以适应混合敏捷方法。

例如，用于创建提案的模板，也可以在大部分项目的启动和定义中加以使用。这些提案还可以作为提交最终详细项目计划的文件。当修改后的提案模板与修改后的估算流程和模板相结合时，可以将其用于根据项目团队规模和项目持续时间进行估算，非常自然地创建一个混合的提案和计划模板，并将其添加到现有的计划驱动的“过程资产”库中。

举例——营销软件公司

亨利是这家营销软件公司的开发总监，他有一个稳定的质量保证团队——该团队有现成的测试实践和工具，还有一个强有力的主管。问题是，由于整个组织的运作方式，这个团队也成了一个瓶颈。利用现有的质量保证“过程资产”，与精益和看板方法进行混合，帮助亨利消除了质量保证的瓶颈，转而将质量保证作为一种资产。亨利还创建了一种共享质量责任的文化，并将质量保证过程融入新的混合项目管理方法之中。

你需要什么

关于“你需要什么”这个问题，本章提出的其他一些问题的答案以及许多其他因素都可以作为获得答案的线索。这取决于你正在交付什么样的项目，以及希望使用混合方法交付什么样的项目。花点时间来评估项目管理的当前状态或许可以很好地揭示出，在独立于构建和实现混合敏捷方法之外，还需要一些有效的过程或模板。

评估可能是一个机会，不仅可以开发混合方法，还可以弥补你现有的（可能是成功的）项目管理方法中的差距和缺陷。请记住，你不应热衷于放弃任何对组织来说已经成功的东西。你应热衷于创建一种项目管理方法，它将有益于组织，并引入所需的敏捷方法。

尽管一些纯粹的敏捷主义者可能会提倡摒弃传统项目管理的基本元素，但是经验丰富和务实的实践者发现，尽管在整个项目生命周期中以不同方式、不同时点和节奏应用这些元素，但它们仍然呈现出敏捷的特质。当你评估并回答“你需要什么”这个问题时，请考虑诸如以下这些元素：干系人沟通、风险管理、项目启动、章程、采购流程，以及其他传统的项目管理工件等。在你的混合方法中，你将需要这些元素的某种形式，或者你可以简单地通过对这些元素进行必要的修改来适应和采用它们，从而在项目交付中达到所需的敏捷性和灵活性。

举例——技术咨询公司

技术咨询公司需要一个明确定义且规范的敏捷流程，该流程将结合咨询工作的实际情况，同时保持敏捷交付的灵活性。我的意思是，客户希望在签署工作文档声明之前，对成本和持续时间进行估算——这是一个合理的期望。客户还想要“敏捷”在本质上得以实现，他们想要两种方式（本质上敏捷，流程上通过文档呈现）。我们在工作文档中的估算和声明，成了记录和向客户传达敏捷实践的工具，同时也为客户和我们的公司提供了谈判和管理敏捷变更的工具。

举例——生物制药公司

生物制药公司的IT总监对于企业所需要的混合方法有一个清晰

的愿景。他的原话是“轻量、快速、可管理”。这种需求被定义为要确保瀑布和敏捷项目管理不会使流程变得（或者被认为变得）过于烦琐。他还想传达这样的信息，在得到适当管理的情况下，项目将快速地通过项目管理的流程和生命周期。

举例——技术学院

当我成为中西部一所大型技术学院的首席信息官时，我遇到了一个极其复杂的项目管理流程，以至于学院里的人都会尽其所能地绕过这个流程。我很清楚，学院需要一种更简单的方法来评估和启动项目，要强调对话和伙伴关系，而不是流程和文档。我意识到，如果把关系和合作看得比流程和详细的启动文档更重要，学院的人和文化会做出更好的响应。

你需要谁

“你需要谁”这个问题，是由你的组织文化驱动的。你需要一个强有力的发起人来开展这项工作。如前所述，这对于任何组织变革来说都是正确的，对于项目管理的新方法来说可能更是如此。你还需要组织中有影响力的人的支持，特别是那些将要使用混合敏捷方法或通过混合敏捷方法与你进行互动的人。那些受项目管理方法变革影响最大的人，也都应该参与到开发和实施混合敏捷方法的项目管理过程中来。

举例——生物制药公司

凯利加入了生物制药公司，担任监督营销和IT的高级总监。她曾在一家成功的技术咨询公司担任副总裁，她在那里使用混合敏捷实践来发展业务，并交付了得到广泛认可的成功项目。进入生物制药公司之后，她对开发和采用混合敏捷实践有浓厚的兴趣，并提供了强有力的支持，这对于采用敏捷实践至关重要，也对已经开展的一些基层工作起到了推动作用。

一些基层工作，如开发更多的敏捷实践并将其融入传统项目管理方法之中，对于混合敏捷方法的成功至关重要。因为有影响力的管理人员和实践者已经参与进来了，这种混合的推动力有助于加速混合敏捷方法的开发和采用。

举例——技术咨询公司

这家技术咨询公司的创始人和首席执行官对发展项目管理实践非常感兴趣，这也反映出我们的客户对于使用更敏捷的项目交付方法的兴趣。我们与客户在快速采用新型电子商务系统的领域开展的合作越多，我们就越清楚地认识到，旧的计划驱动方法需要演变成一种混合方法，需要将敏捷的许多元素作为新方法的核心。

CEO的支持至关重要，但同样重要的是来自其他首席顾问以及业务开发团队的支持。首席顾问、架构师、项目经理和业务开发人员是这种新型混合方法的使用者，他们需要对项目进行估算、计划和最终交付。

如果没有他们的支持，使用混合方法交付项目是不可能实现的。

你从哪里开始

在任何组织中出于任何原因实施变革，都可能产生一个令人畏惧的前景。如果一个组织在很长一段时间内使用某种项目管理方法，并取得了一些成功（或者虽然没有取得成功，但是大家很熟悉这种方法的使用），那么推动变革将遭遇抵制。我们将在本书的后文中更详细地讨论敏捷实践。就目前而言，重要的是要知道，在推动变革的过程中有两个重要的起始点：布道和培训。

布道——让一群有影响力的人相信变革的必要性，并开始实施变革，这对于提高人们对变革必要性的认识非常重要。然后，他们可以开始让人们思考和讨论采用和适应新的项目管理方法。对于变革必要性和新型工作方式的布道，并不是采用新型项目管理实践的唯一途径；任何重要的组织变革都是如此。

另一个重要的起始点是在培训中构建共同的基础。在本书的后文中，我们讨论了采用敏捷项目管理实践，我们注意到，在培训中构建共同的基础对成功实施是至关重要的。在开始使用混合敏捷方法时，考虑如何开发和交付培训课程是非常重要的。或许，你正在针对组织特有的需要开发培训课程，所以没有现成的课程资料可供参考。一个有经验的咨询顾问可能会帮助你勾勒出混合敏捷方法的构想，以及如何开发和交付所需的培训课程。

举例——金融保险公司

我曾在一家专门从事抵押贷款保险的金融保险公司工作。这家公司希望确保组织中所有接触项目管理方法的员工，都能理解瀑布和敏捷项目管理方法，并知晓如何将瀑布和敏捷在混合方法中加以应用。该公司首先给一群团队主管提供了一个共同的培训课程，这些主管以前没有接受过项目管理方法的培训，但是他们现在需要具备项目管理的意识才能成为有效的领导者，因为他们需要独立地管理一些小型项目。

该公司从培养最初的意识入手，通过提供广泛的培训，为员工提供了额外的项目管理培训和指导，这些培训适合员工的角色，并符合员工学习更多关于项目管理方法（无论是敏捷的还是计划驱动的）的兴趣。

举例——生物制药公司

在生物制药公司，我们开始宣传敏捷的使用，把敏捷与现有的计划驱动的实践进行结合，或者用敏捷替代计划驱动的实践。这种布道方式之所以得到支持，是因为我们中的一群人已经成功地完成了混合敏捷项目的交付，他们希望能够让其他人也知道我们是如何做到这一点的，以及如何在未来的项目中重复这些成果的实践。我们的新任高级总监自己就是混合敏捷的倡导者，而且她还带领自己以前的下属一起倡导用更敏捷的方法交付项目。

我的工作是寻找并开发关于IT和软件开发的培训课程，课程需要强调迭代开发和新兴的敏捷实践。IT和市场营销部门的管理层也都同意在培训中构建共同的基础，因为如果团队成员、项目发起人和职能经理能通过培训获得共同的认识，这将有助于确保使用混合敏捷方法的项目获得成功。最终，我们编写了一些自己的培训资料（这后来成为我在威斯康星大学开展了为期9年的敏捷培训的基础内容），并引进了一些本地和全国的人才来提供特定敏捷主题的培训。

下一步是什么

第3章的重点是帮助你思考如何构建项目管理的混合敏捷方法。我们已经帮助你评估了组织，你对组织文化、人员和项目的情况也已有所了解。我们还帮助你确定了如何评估已经拥有的资源，以及有助于开始启动的资源。我们探讨了你需要什么资源，以及你需要谁的支持才能获得成功，我们也讨论了如何开始混合敏捷的旅程。

本书的书名是《通过混合敏捷获得成功：使用混合方法交付项目》，这里的关键字是“敏捷”。出于这个原因，本书的第2部分将聚焦于学习敏捷。“敏捷”是本书所支持的项目管理混合敏捷方法的基础。第4章将讨论敏捷的历史，考察敏捷的起源，以及敏捷如何在几十年的时间里演变成今天流行和被广泛使用的方法论。

第5～9章，将讨论敏捷方法论的核心元素、团队、敏捷领导者，以及敏捷教练的角色。第10～12章，将探索敏捷中更高级的主题，如设计思维、高层领导者的角色，以及一些扩展敏捷的方法。作为关于如何将混合敏捷方法与良好的敏捷实践相结合来获得成功的基础讨论，你将在自己的组织中作为混合敏捷的布道者和实践者处于引领的地位。

第2部分

学习敏捷

第4章

敏捷的历史

敏捷的根源

当我们开始讨论敏捷的实际应用时，了解敏捷从何而来是很重要的。与大众的看法相反，敏捷实践并不是在2001年发布《敏捷宣言》时才出现的（本书后面的章节中会有更多的论述）。敏捷的当代实践可以追溯到Scrum，Scrum又参考了制造业中的质量流程和产品开发中的方法演进，从而让软件开发与其他的项目类型得以保持协调一致和相互适应。

> **注意：**敏捷可以追溯到大野耐一（Ohno）在丰田公司所采取的制造和质量实践，以及爱德华兹·戴明（W. Edwards Deming）、休哈特（Shewhart）和约瑟夫·朱兰（Joseph Juran）等质量专家的工作。

我喜欢在我的敏捷项目管理课堂上问学生，他们是否拥有或曾经拥有一辆丰田汽车（我拥有三辆丰田汽车）。我之所以问这个问题，是因为人们可以把敏捷追溯到大野耐一的丰田制造系统，以及戴明和朱兰等质量专家的工作。第二次世界大战结束后，日本努力重建其重工业，并寻求了戴明和朱兰等专家的建议，但这些专家所开展的工作在美国并没有得到很多关注。

在丰田制造系统的核心方法、其他相关质量系统和方法，以及敏捷的框架中，有一个共同的元素：计划（Plan）—执行（Do）—检查（Check）—行动（Act）循环（简称PDCA循环，见图4-1）。这个循环的流行要归功于戴明，因此也被称为戴明环，PDCA循环是大多数敏捷框架的核心，可以帮助实践者记住敏捷方法的本质（Moen 和 Norman，2010）。

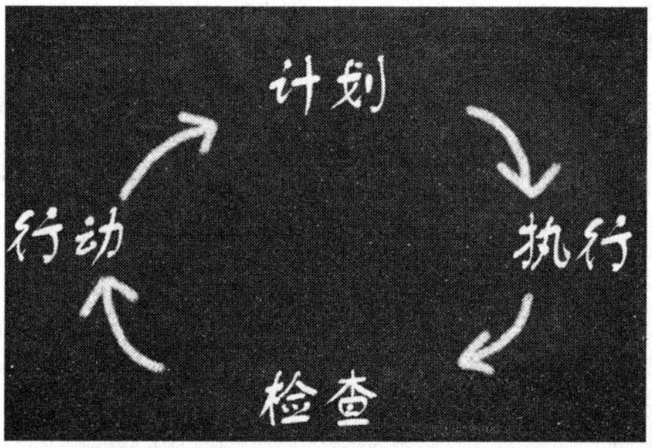

图4–1　PDCA循环

在任何时候，当需要从实际应用角度提及敏捷是什么的时候，请记住PDCA循环。虽然敏捷远不止这些，但PDCA循环帮助团队关注如何执行。

敏捷框架的根源：Scrum

当从实践的角度考虑敏捷时，很重要的一点是要理解许多著名的敏捷实践都源自Scrum。杰夫·萨瑟兰（Jeff Sutherland）是敏捷领域广为人知的Scrum创始人之一，也是Scrum最热情的倡导者和实践者。萨瑟兰将竹内弘高和野中郁次郎的工作以及他们1986年发表在《哈佛商业评论》上的文章，作为创建和发展Scrum的基础（Sutherland，2011）。1986年，在竹内弘高和野中郁次郎的开创性文章中，他们阐述了类似英式橄榄球的新产品开发方法与传统接力赛式方法的区别和优势。这篇文章引入了"Scrum"一词，并与英式橄榄球中的Scrum进行了直接比较，以描述新产品开发的方法，这种方法发展成为Scrum框架的根源之一，并最终成为大多数敏捷框架的根源（Takeuchi 和 Nonaka，1986）。

虽然这篇文章的内容已经有些过时了，但Scrum和敏捷的核心概念在竹内弘高和野中郁次郎的作品中依然存在，在今天仍能引起人们的共鸣。竹内弘高和野中郁次郎描述了所有敏捷实践者都应该熟悉的项目团队的六个特征：

- 内建不稳定性。
- 自组织项目团队。
- 重叠的开发阶段。
- 多重学习。
- 微妙的控制。
- 组织学习转移。

竹内弘高和野中郁次郎表示："这些特征就像拼图中的碎片。每个特征本身并不能带来速度和灵活性。但从整体来看，这些特征可以产生强有力的新动力，并将使组织不同凡响。"（Takeuchi 和Nonaka，1986）

杰夫·萨瑟兰定义了最初的Scrum规则、Scrum方法论所固有的会议，以及在Scrum中使用的工件。萨瑟兰与肯·施瓦伯（Ken Schwaber）合作，在1995年的一个软件开发会议上提出了Scrum方法。他们发表了论文，对Scrum方法进行了描述和介绍。这些文章提供了一种格式化和文档化的软件开发方法，并且这种方法在日后也可以进行调整和改进。

敏捷形成和出现

在20世纪90年代中期，其他各种软件开发方法持续发展。肯特·贝克（Kent Beck）是另一位有影响力的敏捷人物，他在1996年提出了极限编程（Extreme Programming，XP）的概念。贝克专注于频繁发布的软件和较短的开发周期。其中一个关键元素是使用结对编程，两名软件开发人员紧密合作，一个人敲击键盘编码，另一个人站在后面看着，或者两个人并排坐着——两双眼睛盯着代码，实时协作，这是实际编写和实现特性的最佳方式。

肯特·贝克在另一种敏捷开发方法，即测试驱动开发（Test Driven Development，TDD）中也发挥了重要作用。TDD关注短的开发周期，但这里的关键点之一是软件开发人员应该从测试开始。他们会为具体的特性编写失败的测试用例，然后编写代码，直到代码通过测试。

与TDD概念密切相关的是特性驱动开发（Feature Driven Development，FDD），它是由杰夫·卢卡（Jeff De Luca）在1997年首次提出的。项目由需求列表和任务列表驱动。项目团队构建整体模型或设计，然后规划项目中一个又一个的特性。团队设计每个特性，而且每个特性都会被构建和测试——因此，完成每个特性的设计、构建和测试的过程，本质上是在推动项目的进行。

看板和精益

看板出现在20世纪40年代，源于丰田公司及其制造系统。据说，丰田公司的管理人员因观察杂货店如何补货而得到启发，杂货店基于货架上缺少哪些商品进行补货，而不是基于供应商希望客户购买哪些商品进行补货。我们可以将这种理念看作对在制品进行管理。

在看板中，我们只有在“货架上有空间”的时候，才会投入更多的工作。这就是所谓的准时制生产方法，用于管理库存或提供在制品。看板本身专门指一种视觉信号或卡片。在丰田公司，卡片出现在一堆零件中，用于表示将零件置于生产流程中的时机，从而可以更好地管理零件生产流程。

看板在许多制造和服务工作环境中被采用，在21世纪初，一些人开始在知识工作管理中采用看板实践（Terry，2018）。

与看板一样，精益（Lean）的起源可以追溯到汽车制造领域。有些人则认为应该追溯到亨利·福特（Henry Ford）的生产线。有确凿的证据表明，丰田和丰田制造系统完善了精益原则，通过确保生产流程在出现缺陷时就停止，从而提高生产效率。人们的观察是至关重要的，以确保发现缺陷，并及时停止生产，直至找到缺陷的原因并对其进行处理和修复（Skhmot，2017）。

精益原则在制造业中出现的一个来源是1991年由詹姆斯·沃马克（James Womack）、丹尼尔·琼斯（Daniel Jones）和丹尼尔·鲁斯（Daniel Roos）所著的书。在这本书中，作者研究了各种制造系统，并将它们与丰田的方法进行了比较。

精益原则从客户的角度来跟踪价值，并尝试阐明生产中任何不能创造价值的步骤。精益致力于简化流程，使产品和价值流向客户，并允许客户从下一个活动中获得价值。精益对价值流的持续关注确保了组织可以移除任何发现的浪费，并且为了创造完美的价值流，要建立和增强流动性与拉动机制（Skhmot，2017）。

《敏捷宣言》

采用敏捷（尤其是在软件开发领域）的一个关键事件出现在2001年。一群早期的敏捷思想家和实践者在犹他州的雪鸟（Snowbird）小镇聚会，他们提出了一套价值观，被称为《敏捷宣言》（见图4-2）。注意，他们没有摒弃右边的内容，也没有否认这些内容的价值，而是更加关注左边内容的价值。

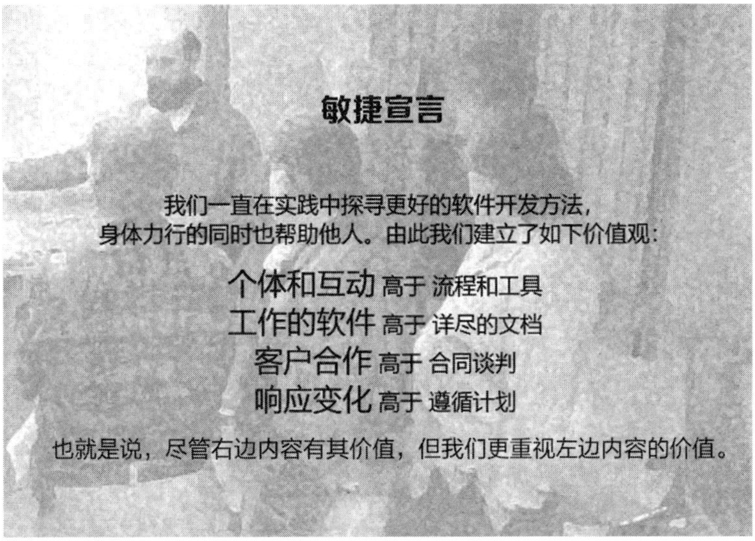

敏捷宣言
我们一直在实践中探寻更好的软件开发方法，
身体力行的同时也帮助他人。由此我们建立了如下价值观：
个体和互动 高于 流程和工具
工作的软件 高于 详尽的文档
客户合作 高于 合同谈判
响应变化 高于 遵循计划
也就是说，尽管右边内容有其价值，但我们更重视左边内容的价值。

图4-2 《敏捷宣言》

在将《敏捷宣言》应用于具体的敏捷实践时，最关键的一点是拥抱并践行这些关键的价值观。正如杰夫·萨瑟兰博士指出的那样，“敏捷不是一个流程，而是一组价值观”（Sutherland，2019）。除了PDCA，在实践的最前沿保持《敏捷宣言》所倡导的价值观是实现敏捷交付的关键。除了宣言本身，签署者们还制定了《敏捷宣言》背后的12条原则，这些原则为敏捷框架和实践提供了基础，或许你已经很熟悉这些原则了，本书后文中也会提及。

理解12条原则对全面理解《敏捷宣言》非常重要。同样重要的是要记住，尽管《敏捷宣言》的作者是从软件开发角度出发的，但如果将“软件”替换为“产品”，这将有助于扩展这些原则的应用场景。

1. 我们最重要的目标是通过持续不断地及早交付有价值的软件使客户满意。

2. 欣然面对需求变化，即使在开发后期也一样。善于掌控变化，帮助客户获得竞争优势。

3. 经常地交付可工作的软件，相隔几星期或一两个月，倾向于采取较短的周期。

4. 业务人员和开发人员必须相互合作，项目中的每一天都不例外。

5. 激发个体的斗志，以他们为核心搭建项目。提供他们所需的环境和支持，辅以信任，从而达成目标。

6. 无论团队内外，传递信息效果最好、效率也最高的方式是面对面交谈。

7. 可工作的软件是进度的首要度量标准。

8. 敏捷过程倡导可持续开发。发起人、开发人员和用户要能够共同维持其步调稳定延续。

9. 坚持不懈地追求技术卓越和设计完善，由此增强敏捷能力。

10. 以简洁为本，极力减少不必要的工作量。

11. 最好的架构、需求和设计出自自组织团队。

12. 团队定期地反思如何提高成效，并依此调整自身的行为。

在2001年《敏捷宣言》出现之后，敏捷方法和实践在软件开发领域得到了快速发展，在其他对采用敏捷项目管理的流程、技术和方法感兴趣的领域和垂直领域，也同样得到了快速发展。

敏捷的发展

在2010年之前，PMI及其核心认证——项目管理专业人士认证（Project Management Professional，PMP），被认为是传统的项目管理方法，以至于许多敏捷实践者说："我们不想像他们那样。" 反过来，PMI和许多《PMBOK®指南》的实践者认为：敏捷方法缺乏严密性和纪律性，对于关键项目来说不够强大或成熟。然而在2010年，PMI承认敏捷是管理项目的可行方法，并宣布了自己的敏捷认证——PMI敏捷实践者认证（PMI Certified Agile Practitioner，PMI- ACP）。

PMI欣然采纳了敏捷实用性的精髓部分。除了认识到敏捷的许多方面（项目的滚动规划就是一个例子）已经存在了几十年，PMI还认识到敏捷正在获得重要的影响力，拥抱和采用敏捷会变得更好（而且会获得经济上的收益）。在PMI的从业人员队伍中，像杰西・费威尔这样的人提倡一种实用主义观点，认为敏捷是管理项目的补充方法，在组织和项目经理的范围和工具包中，敏捷应该占据适当的位置。

2010—2020年，培训产业快速发展，种类繁多的敏捷认证开始出现，各种各样的方法论也不断涌现，与此同时，那些敏捷纯粹主义者（出于某种原因）谴责敏捷的核心价值观遭到了稀释。作为一名实践者、作家和教师，我也观察到了这种扩张和稀释，我认为这是更多地利用敏捷的基本原则去关注混合和实用的方法所带来的结果。

在21世纪初的头十年，敏捷的实践者认识到，敏捷不能自动地解决系统性问题，于是，混合和适应方式出现了，我们也因此创建了混合方法。这也是本书的重点：在敏捷项目管理中脱离正统和纯粹的方法，取而代之的是采用最有效的元素，同时调整或摒弃其他可能不适用于特定项目和组织的元素，这将是一种发展趋势。

这种混合方法采用了最有效元素的混合和适应，同时调整或摒弃了其他可能不适用于特定项目和组织的元素，这就是我们的关注点。我们认识到，像Scrum这样的敏捷框架在被最纯粹、最充分地理解和实施时，能够提供最好、最具影响力的结果，毫无疑问，理解和应用这些敏捷框架的元素对于实践者及其组织来说是有益的，但是，我们也要认识到，并不是所有的组织都能够（或者都应该）实施“完美”的敏捷框架。

总结

在第4章中，我们了解了关于敏捷的起源和历史——它从哪里来，它是如何演变的，它在哪里被使用，以及它是如何成为被我们逐渐熟悉并广泛采用的框架的。这很重要，因为这有助于理解在你的框架、工具和技术的应用中应该始终保持的关键元素，无论你使用的是混合方法还是纯粹敏捷方法。

在进入敏捷生命周期和实践之前，第5章将更多地讨论关于敏捷的价值观，如灵活性和适应性。

第 5 章

敏捷的价值观和实践

超越《敏捷宣言》

在我的敏捷项目管理培训课程开始时，我经常问学员："当你们读到或听到'敏捷'一词时会想到什么？"（我总是会想到猎豹。）学员的反应通常是"快速、机敏、灵活、响应"。我通常会提及猎豹追击羚羊——猎豹的目标就是羚羊，羚羊持续奔跑和改变方向，就像有些项目的需求和目标在不断变化一样。为了达到捕获羚羊的目的，猎豹必须根据地形的变化来应对羚羊移动方向的变化，并对这些变化做出响应。

敏捷项目管理描述了一组方法和技术，可以帮助项目团队和组织做同样的事情——快速行动和响应变化。在实践中，敏捷方法经常与计划驱动的方法和其他敏捷方法融合，形成混合方法。这些混合方法经过调整，从而适应组织的文化、结构，以及组织对风险和变化的承受度。

敏捷方法是迭代的、适应性的、交互式的，并且重视团队之间的合作。在敏捷中，团队是自我管理的，同时负责定期和频繁地交付价值。大多数敏捷框架都使用较短的、带有时间盒限制的工作迭代，通常被称为Sprint，在Sprint期间，团队内部和干系人之间通过持续沟通，确保团队致力于正确的事情，以取得正确的结果。

注意：在实践中，大多数组织将计划驱动的方法与敏捷实践相结合，以创建自己的混合方法——这也是本书的关注点。

敏捷生命周期模型

让我们来看一个基本的敏捷项目生命周期。无论是计划驱动的方法，还是敏捷的方法，项目都是从执行组织想要的愿景开始的。我想展示一下史蒂芬·托马斯（Stephen Thomas）的敏捷生命周期（见图5-1）。托马斯的模型说明了项目前期规划和项目启动阶段的混合方法。这个阶段包括团队的组建、初始计划的制订、初始需求（待办事项列表）的开发及记录，以及执行项目工作所需的任何基础设施的设置。在这个模型中，在进入敏捷Sprint执行阶段之前，会先采用瀑布计划的方法。

托马斯的模型显示每个时间盒（迭代）都包括计划、开发及评审（PDCA循环）。团队首先对工作进行计划，其次对工作进行承诺，然后执行这些工作，最后在迭代周期完成时对工作进行评审。通过多次迭代工作的积累而形成一次发布。当项目被确认完成时，会有项目收尾和项目结束后的相关活动，这些活动是使任何项目有序结束所必需的。

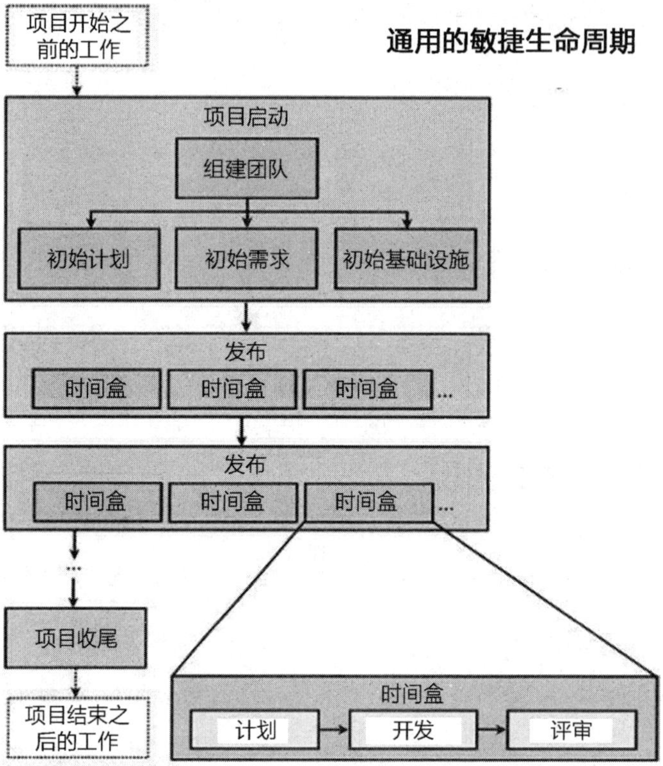

图5-1　托马斯敏捷生命周期

Scrum——基础实践

因为敏捷项目管理的大部分实践和词汇都来自Scrum，并且这些实践（无论对错，无论好坏）也经常被人们拿来与Scrum放在一起探讨，所以理解Scrum的核心实践，将其作为敏捷实际应用的基础是至关重要的。

Scrum可以非常简单。本质上，Scrum使用三种角色、三个流程和三个工件，作为组织和执行工作的框架。三种角色分别是Scrum

Master、团队，以及产品负责人。三个流程包括Sprint计划会议、每日站会或每日Scrum会议及Sprint评审会议，其中包括演示团队做了什么工作，并回顾他们的表现，以及如何进行改进（请记住，这是PDCA循环）。三个工件是产品或项目待办事项列表、Sprint待办事项列表及可视化工具（如燃尽图或Scrum板），团队使用这些工具来查看他们在Sprint中的进展。

团队计划一个Sprint，承诺可以完成特定的工作，然后在特定的时间周期内集中精力完成这项工作。Scrum Master在Scrum实践中领导团队，并帮助团队进行自我组织。在Sprint的最后，团队会向产品负责人展示他们已经完成的工作。产品负责人进行评审，接受或拒绝这些工作。团队讨论做得好的地方，做得不太好的地方，以及在下一个Sprint中要继续做什么或改变什么。团队将这些讨论带到他们的下一个Sprint计划会议中，这将确保团队能够迭代和持续地改进。

Scrum生命周期（见图5-2）始于产品愿景——我们要解决什么问题及我们要向客户交付什么价值。这推动了初始产品待办事项列表的开发——该列表是产品负责人考虑向客户交付价值所必需的特性和功能列表。

发布计划涉及从产品待办事项列表中选择相应的条目，并将这些条目放置到特定的发布中。Sprint待办事项列表聚焦每个Sprint中要完成的待办事项。Sprint计划会议专注于Sprint待办事项列表中每个条目的相关工作和任务，团队最终完成他们的承诺，同时对在Sprint中要完成的工作做出具体的估算。

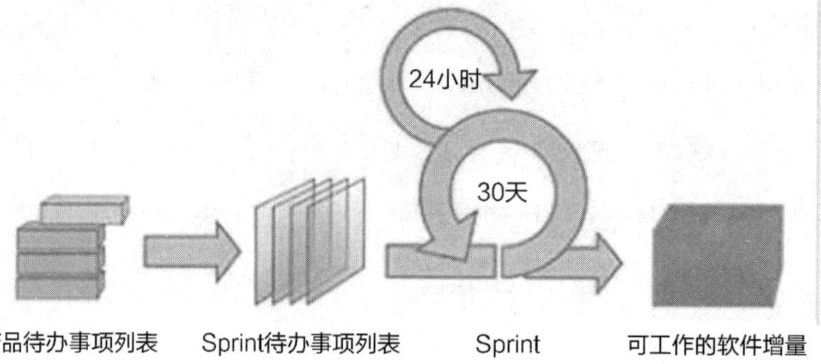

图5-2 Scrum生命周期

Sprint是奇迹发生的地方。每天，团队都执行Scrum——每日站会，团队在每日站会上讨论他们已经做了什么，他们还将要做什么，以及阻止他们完成承诺的任何障碍。在每个Sprint的最后，都会有一个演示，团队会向产品负责人和其他干系人展示他们已经完成的工作。产品负责人可能会接受全部已经完成的工作，或者接受部分已经完成的工作，与此同时，产品负责人也会拒绝其他未完成的工作。

然后，团队开展回顾会议——用于检查在这次迭代中工作执行的情况，以及为了提高绩效，团队还必须做哪些事情。在每个正在进行的Sprint中，产品负责人和Scrum Master都会“梳理”待办事项列表——这是对正在进行的待办事项进行细化和排定优先级顺序的过程，以确保待办事项列表条目逐渐得到更好和更充分的理解，从而让正在做的事情提供最大的商业价值。这个过程会一直重复，直到发布完成或整个项目完成。

敏捷实践

本章接下来的几个小节，将从实施的角度来讨论各种实践，如Sprint计划会议、估算、用户故事开发、发布计划，以及敏捷项目管理的其他元素。我们将研究如何单独使用这些实践，以及如何将它们联合起来使用，从而开发一种项目管理的混合方法，将基于阶段的实践和敏捷实践相结合，以获得最佳结果。

待办事项列表梳理

使用敏捷框架和实践来执行项目的组织和团队，应该在每次迭代或Sprint之前，遵循特定的准备流程（这里假设他们使用一些定义好的时间盒——不一定所有敏捷框架都这样做）。产品待办事项列表，即带有优先级特性和工作条目的列表，需要被不断地评审和更新。这个流程（尤其是在Scrum中）非常常见，许多人把这个流程称为梳理产品待办事项列表。

在实践中，需要持续关注产品待办事项列表的梳理。对于那些刚接触敏捷的人来说，这可能让他们很难理解，因为这种梳理活动永不停止——干系人和团队成员必须每周花一些时间梳理待办事项列表，以确保每次迭代或特性计划会议都是有价值的。作为一名实践者，我认识到这个活动至关重要——最初，我在Promega公司创建了一个良好的节奏，用于梳理待办事项列表；后来，在CloudCraze公司，为了进行待办事项列表梳理活动，我先是遇到了一些挑战，后来逐步创建了一个持续的节奏。

产品待办事项列表梳理包括三个主要活动：

- 排定优先级顺序——确保价值最高的条目（以及一些强制性的依赖性事项）位于列表的顶部。
- 开展讨论——确保产品负责人和团队成员对工作和特性的理解达成一致。
- 确定规模——确定待办事项列表条目的相对规模，以便团队和组织了解待办事项列表中还有多少工作要做，从而把这些信息输送给其他项目和运营流程，并进行决策。

如前所述，这个流程必须是持续不断的。如果打破这个流程，或者因为任何原因而中止这个流程，团队就会在面临一些风险的情况下执行Sprint计划会议，即对于用户故事没有明确定义和理解的风险。反过来，如果将这些不确定性的工作排进了Sprint计划，也会降低Sprint的交付价值，还会导致低效的Sprint计划会议。我在CloudCraze公司工作的早期，曾遇到过这个问题。我们一群人参加了一个Sprint计划会议——我当初参加会议的期望是，产品负责人已经评审过待办事项列表，并提出一组按优先顺序排列的特性，供新组建的产品开发团队进行处理。但是事实上，产品负责人并没有完成这项工作，所以我们花了2小时来梳理待办事项列表，然后继续开会制订Sprint计划。这样做的后果是，这个Sprint被推迟了好几天才正式开始。作为一个快速发展的初创软件公司，我们没有那么多时间用来挥霍浪费。

一个得到持续梳理的待办事项列表，也意味着敏捷团队总是有一个按优先级排序的工作列表。如果随着Sprint的进行产生了与Sprint计划不同的情况，团队可以及时将列表中的工作“拉入”一个活跃的Sprint中，而不是停下来，问问题。如果待办事项列表总是能够得到及时的梳理，就意味着团队可以提前完成工作，也许有一个Sprint可以获得比原计划更多的产出。

敏捷估算

对产品待办事项列表的估算，可以让项目团队大致衡量出他们在项目或发布中要执行的工作或者还剩下多少工作。对Sprint待办事项列表的估算，可以确保团队能够根据自己的能力、团队大小，以及对于将要执行的工作的估算，做出切合实际的工作承诺，这一点是至关重要的。在我看来，对于那些初次接触敏捷的人来说，敏捷估是一个比较有挑战性的概念，如果他们具有计划驱动的项目管理背景的话，那就更加有挑战性了。

在敏捷项目中进行估算需要改变思维方式。敏捷估算促使我们谈论工作的规模大小，思考用不同的方式进行估算，使用类比估算等工具来帮助我们了解为了完成项目需要做些什么，以及通过执行项目可以交付什么样的价值。

让我们考虑一下计划驱动方式是如何依赖流程和工件进行估算的，比如一个工作分解结构，可以将项目分解到非常精细的可交付成果和任务级别。通常，计划驱动的瀑布方式将特性或可交付成果分解为最小的逻辑组件。我们在计划驱动的项目估算中要做的另一件事，实际上被认为是计划驱动估算中的最佳实践，那就是让做这项工作的人或该领域的专家来给出估算。我们依靠专家或独立的个人来估算他们的特定交付成果和任务。

此外，我们假设，团队可以在整个项目开始的时候就进行估算，并对范围进行定义，从而锁定目标。然后，我们在整个项目生命周期中非常严格地管理变更。假设在项目开始的时候“一次性完成”估算。还有一个假设是，我们将使用对工作量和资源可用性的估算来计算任何任务的持续时间，在项目开始时对任务进行估算，并锁定所有的特性和功能。

敏捷改变了这种估算范式。对于初学者来说，估算是在一个更高的层面上进行的——通常使用的方法是“看上去这项工作比那项工作更大或更小”，而不是通过工作分解结构来尝试达到某种精确的颗粒度级别。我们摆脱了对于主题专家或者某个完成该项任务的特定人员的依赖。相反，我们认为估算是一种团队行为，在很多情况下，敏捷团队会自我分配工作，所以，在项目开始的时候，我们并不知道由谁来做这项具体的任务。因此，需要整个团队参与估算，这样我们就可以得到每个人的想法。

我们不会在项目开始时锁定估算，而是定期更新估算，而且我们假设在获得了新的输入信息之后，估算可能发生变化。其中的一条输入信息是团队绩效或者团队吞吐量。随着进入敏捷项目生命周期，我们会经常评估团队的能力和绩效表现，这样我们就知道在特定的时间框架内可以完成什么工作，或者反过来，要想交付产品负责人所需要的所有功能，需要花费多少时间。

敏捷估算关注几个关键的问题。它依赖待办事项列表或特性列表中的条目的不断演进。它对需求的风险、工作量、时间和复杂性进行评估与分析，从而帮助团队理解需要如何实施才能实现这些需求，并使用团队的能力作为衡量依据，来确定要完成相关工作需要持续多长时间或者需要执行多少次迭代。

在敏捷估算中，我们必须做的另一个思维上的改变是，关注结果而不是将要执行的具体活动。如果换一种说法，那就是在敏捷估算中，我们关注的是将要交付的成果而不是产生特定的可交付成果所需要的工作量。

这就产生了故事点的概念（我们将在下文中讨论），帮助我们在流程中引入一些用于类比的工具和估算规模的方法。最终，我们会考虑一项具体工作的小时数，但这要等到我们深入任务层面时才考虑，对于一个特定的Sprint，开始的时候我们会在一个更加宏观的层面上看待事物。事实上，在项目开始的时候，并不会执行以小时为单位的估算，坦率地说，这种做法会让一些实践者和学员有点儿抓狂。

确定规模和故事点

为了在敏捷项目中进行估算，我们需要一些用于确定规模和计分的系统。这就需要讨论一些其他的话题。首先，我们需要定义将要估算的内容。其次，我们需要制定某种尺度来表示这些估算值。当考虑到估算的基础时，我们还必须假设有一个通用的载体来衡量这些工作条目或特性。许多敏捷框架或实践都将用户故事作为一种常用的方法或语言，用于捕获工作条目或特性。后文中我们将对用户故事进行更加深入的研究。

当我们决定使用用户故事时，会引入故事点和其他“无单位”的尺度，作为对用户故事进行估算的方法。一些敏捷团队喜欢使用“理想天”（ideal days），换句话说，就是完成某项特定工作所需的天数（理想情况下，假设个人或团队没有其他工作需要处理）。为了带来一些趣味性，同时又能反映比较相对大小的目的，有些团队使用狗的品种作为一种衡量规模的方式。他们会说一个小故事是“茶杯贵宾犬”，一个非常大的故事是“大丹犬”。有些团队可能使用小熊软糖的方法，或者“这是一个五粒糖豆的故事”类似这样的方法。这里有必要再次强调，估算的关键是团队或组织对于“无单位”尺度的认同，每个人都能够理解其含义，并能够加以使用。

故事点是敏捷估算中最常见的方法之一。如果我们把某样东西看成一个故事点，这就构建了一个非常基本的单位。当故事点完成时，你就有了一个故事点单位的成果。随着对细节和规模大小越来越清楚，团队会引入更多的复杂性。换句话说，团队需要从交付的角度来决定，一个故事点代表什么，然后他们可以开始进行规模的估算。

团队需要考虑相对复杂性，以及交付这些增量需要什么。他们可以用1～10来划分等级，也可以用1～100来划分等级。有一种理论认为，数量级和相对大小的概念可以让我们尽量不去使用那些较大的规模。所以，这往往与用1～100来划分等级的标准相反，而更接近用1～10来划分等级的标准。你可能比较熟悉斐波那契数列——0,1,1,2,3,5,8,13,21,34…这个数列的特点是，下一个数字是通过前面两个数字相加得到的。这是一种常见的方法，用于确定故事点的取值范围。许多实践者采取的方法是，在斐波那契数列的数字21之后，跳到25,30,50等。在这种方法中，如果故事规模太大了，无法使用相对估算的方法进行估算，就应该将这些大型故事看成“占位符”，通常被称为“史诗”（Epic）。

在实践中，团队习惯使用工作分解结构—任务—小时的方法来进行估算，他们可能会抵制使用故事点估算的方法。我曾与一位敏捷教练安迪（Andy）共事，他与我分享了一种方法，他曾经有效地“哄骗”过一些老派的软件工程师使用相对估算的方法。这些工程师曾说他们的工作太“特殊”了，无法使用相对估算的方法。安迪通过将相对估算的方法应用到一些其他领域，从而让这些工程师首先建立起意识。安迪带领开发人员进行了一项练习，他们以准备一顿假日正餐为例，对存在的风险、复杂性、工作量和准备各种食物（一碗麦片、一个三明治、一打饼干、通心粉和奶酪）的时间进行了相对估算。

我在自己的敏捷项目管理课程中采用并调整了这项练习，将其与计划扑克进行了结合（下一节将介绍计划扑克）。安迪的开发人员（以及我的学生）很快就意识到，可以对这些工作进行相对估算。同时，大家还讨论了如何进一步细化的问题，比如，准备什么样的曲奇饼干？是大块花生酱还是奶油状花生酱？“完成”的定义包括垃圾清理吗？这些问题可以帮助团队进行规模的相对估算。

使用计划扑克进行估算

计划扑克是一种在敏捷项目管理中用于进行相对规模估算的方法。这是一个团队协作的过程，正如我们前面提到的，敏捷估算被认为是团队工作流程中的一个最佳实践。在使用计划扑克时，团队成员聚集在一起，每个人持有一些带有故事点的纸牌（希望你已经提前准备好了这些纸牌），与此同时，团队也已经知晓了进行估算的度量单位。例如，你手中纸牌的点数是1、2、3、5、7等，或者是XS、S、M、L、XL、XXL等，又或者是其他的度量单位。

在进行待办事项列表估算或Sprint计划会议期间，团队成员需要对故事进行充分考虑，当大家都准备好的时候，团队成员同时打出他们的牌。你希望看到的是，大多数团队成员选择了相同的数值，但也可能会出现异常数值——有些团队成员给出了较低或较高的数值。

给出异常数值的团队成员需要解释他们的想法："肖恩，为什么我们大多数人认为是5，你却认为是3？"这样做的目的并不是让肖恩为难，而是给肖恩一个解释的机会。肖恩可能更了解其他人所不熟悉的工作。同样，这种做法也适用于那些给出的估算数值高于5的人。这些人也有机会解释他们的想法。他们可能拥有团队中其他人所不具备的独特知识。在分享了这些信息后，团队成员将重置纸牌，接着再次出牌。对于每个用户故事都需要这样做，直到达成共识。

我们作为一个团队来进行估算，这样做的原因与敏捷中跨职能团队的概念有关。在后文中，我将举一个例子——一个叫乔的勤杂工和他的跨职能团队正在从事房屋修缮的项目。因为在某一特定事务上最专业的人，并不一定总是会负责该事务的具体执行，所以让整个团队都参与到某一特定事务中是很有用的。例如，团队中的一个人可能是油漆粉刷专家，但其他人也都懂得如何进行油漆粉刷。因此，可以让整个团队来估算粉刷一个房间需要多长时间，因为非专业的粉刷工人可能是在完成了其他各种工作之后，由几个人合作来粉刷一个房间，而专业的粉刷工人则自己独立粉刷一个房间。

迭代或Sprint计划会议

如果团队正在使用一个敏捷框架，其中包括定义好的时间盒（通常称为迭代或Sprint），对这些Sprint进行计划就成了一项关键的活动。团队会带来一组已经排好了优先级顺序的工作，他们可以自信地对这些工作做出承诺，并承担在这个时间范围内完成这些工作的责任。每次迭代工作的理想输出成果都是已经完成了的产品增量，该产品可以呈现出其特色，从而为团队和组织提供价值。

潜在可发布的产品增量

许多敏捷框架都会谈及，每个Sprint都会产生“潜在可发布” 的产品增量。对我们来说，很重要的一点是要理解潜在可发布的产品增量意味着什么，以及在不同情况下如何以不同的方式表现出来。许多刚接触敏捷项目管理的人认为，他们必须在每次迭代结束时都有一个可发布的产品交给客户，但是事实并非如此。交付可发布的产品增量有很多不同的方法——因为对于可发布有很多不同的定义。

举例来说：一个架构设计就是一个可发布的产品增量。一个完整的特性——如果我们在考虑设计一个网站，这个特性可能是已经开发完成的登录页面或已经开发完成的账户设置——这也可能是一个可发布的产品增量。一个基础设施的关键部分也可以是可发布的产品增量。我参加过一次Scrum Master培训，在培训中我们几个学员临时组成一个团队，共同设计一款桌面游戏，按照我们的计划，一次迭代完成后，可以交付一个设计好的棋盘作为可发布的产品增量。当然，我们不能单独销售该游戏的棋盘，但是棋盘是这款游戏产品的重要组成部分。

如果你在开发一种技术解决方案，例如，开发中间层的基础设施来支持一个网站，该网站需要与ERP系统相关联——在一次迭代中，我们发布了网页上的一个控件，可以通过中间层调用ERP数据库并返回一条信息。我们认为，这就是本次迭代产生的一个可发布的产品增量。虽然该产品增量可能需要再进行一些基本的设计和安装，但是它已经是一个可发布的产品增量或纵向切片。

如果从一本杂志或一本书的角度来看，你可以在完成目录时说："这就是本期杂志的所有内容或我们书中的所有章节。"它可能是一期月刊选择的主题，并提供了所有所需的内容。它也可能是某一章节或某一主题的故事大纲。这些都可以被认为是纵向切片、可发布的产品增量，都可以作为迭代结束时所完成的成果，你可以给它一个可靠的完成定义，测试并验证它确实按照产品负责人或团队所设定的方向完成了。

虽然这些例子中的产品增量都不能单独作为一个完整可用的产品，但从它们独立的整体完整性和自身功能或交付价值的角度来看，它们是已经完成的，并且是潜在可发布的（如果不要求做到完全可用的话）。

当团队做“快速瀑布”时，要引起注意。如果一个团队将连续的Sprint输出看作执行Sprint之前逐步细化的计划，那么这个团队实际上是在做一种“快速”或“时间盒”方式的计划驱动项目管理，而不是使用敏捷框架和实践。

注意：警惕“快速瀑布”。如果一个团队将早期Sprint的输出看作开始执行Sprint之前逐步细化的计划，那么这个团队实际上是在做一种“快速”或“时间盒”方式的计划驱动项目管理。在混合敏捷的环境中，这并不一定是坏事，但是团队和组织应该睁大眼睛，看清这一点。

这是一种完全可以接受的计划和执行的混合方法——只要团队睁大眼睛，并能够理解他们正在做什么。考虑到组织在结合部中的位置，这在组织、团队及其项目环境中可能是比较合适的——重要的是每个人都能理解他们正在做什么。

Sprint计划会议的步骤

参加Sprint计划会议的前提是，团队中的每个人（包括产品负责人）都在场，并且已经对一个完全梳理好的待办事项列表中的条目进行了优先级排序。会议开始时，团队会考虑这些待办事项条目的子集，确定在即将启动的Sprint中完成哪些内容。

团队审查自己的能力——如果团队是第一次合作，而且是在早期的迭代中，实际上他们是在猜测自己的能力和产能——团队的速度。如果团队已经一起合作了一段时间，他们就会了解在每次迭代中可以承诺的工作量，而且他们可以使用这个数据来估算他们能够完成多少工作。基于团队的速度，团队可以评审并提交他们将在特定迭代期间交付的具体特性或用户故事。

此时，团队可以使用计划扑克，因为团队是一个自我管理的团队，所以他们也可以决定使用其他的方法进行另一轮估算。团队只需要重新估算他们即将在当前Sprint中要交付的那些故事或工作条目。此时，团队将把这些故事或工作条目分解为相应的组件任务。我经常将其与计划驱动的项目管理中的工作分解结构进行比较。在敏捷中，我们最终将工作分解结构作为计划的输出，而不是在一个Sprint中一次性地创建所有的工作分解结构，我们在敏捷框架和实践中使用的是基于时间盒的方式。

在估算任务的时候，用小时作为估算单位是比较合适的。与此同时，要考虑用于代表团队平均速度的故事点估算，以及当前Sprint时间盒内的实际可用时间，这样就可以作为一个完整的检查，用来确保团队实际上有足够的时间和能力在Sprint内致力于要完成的工作。

迭代计划中的另一个关键流程是编写测试用例或者用文档记录完

成条件。无论讨论的是软件开发，还是产品开发，抑或是杂志的出版或网站的开发，在任何项目中，我们都需要对所涉及的内容进行定义和达成一致。这一点是至关重要的，因为大多数敏捷方法的目标都是在每次迭代结束时交付已完成的组件——那些可以被认为是已经完成的事情，并且这些组件本身会为项目和组织交付某种价值。

一旦团队确定了自己要做的工作，完成了估算，并就工作的完成定义达成了一致，此时，团队就可以针对要执行的Sprint待办事项列表中的工作做出最终的承诺。此处，至关重要的一点是，团队有一些明确的方法来确保每个人都做出承诺，并就工作定义正确且可实现达成共识。

安迪是我的朋友，也是一位敏捷教练，从他那里我学会了“举手表决”（Fist of Five）的投票方法。目前，我的工作岗位是一所社区大学的首席信息官，我们使用一种被称为“结账”（Checkout）的投票方法。

这两种方法都是通过伸出一个手指或者用大拇指朝上、大拇指倾斜或大拇指朝下，来表示对Sprint计划或问题解决方案可以做出全部承诺、部分承诺，或者不做出任何承诺。如果一个团队无法做出全部承诺，那么至关重要的一点就是要在Sprint启动之前解决这些问题。

演示

大多数敏捷方法的另一个常见流程是每次迭代结束时的演示。每次迭代都要产生一项完整的工作——一项为产品负责人或组织提供某种价值的工作。

利用演示的机会，产品负责人或组织内的其他干系人可以提出问题，并就可交付成果提供反馈。在演示结束时，产品负责人可以对已经完成的工作或部分完成的工作进行正式的验收。演示的结果将被带到回顾会议上，我们会在后文中描述。

实施敏捷的组织在每次迭代结束时执行演示的流程，从而可以建立项目进展的真实度量标准，并能看到每次迭代所交付的成果所能带来的增量业务价值。永远不要跳过演示——本书后文中会有更多的介绍。

有史以来最好的演示故事：位于明尼苏达州圣保罗的Ecolab公司，很早就采用了CloudCraze公司所提供的电子商务系统。他们构思了一个分阶段实施的方案，第一阶段是简单地支撑核心产品并开始接受订单。这是一个为期8周的发布，其中每2周执行一个Sprint。我所在的CloudCraze公司完成了一些初步的计划工作并组建了团队，然后我们的小团队就与Ecolab公司的团队一起进行了第一个为期2周的Sprint。

当这个为期2周的Sprint接近尾声时，我和客户的主管一起策划了第一次演示—— 这是一件大事，每个人（包括我）都参与了演示。我们建议Ecolab公司的一些高层领导者通过网络会议加入，客户的主管指出，我们应该特别关注高级副总裁山姆提出的任何问题或评论。

演示进行得非常顺利——每个特性都可以成功执行，每个人在演示中都表现出色，大家的感觉都很好。高级副总裁山姆对所有人表示了感谢，他还要了展示产品特性的幻灯片。会场上出现了片刻的沉默——然后，我意识到山姆以为他在看“幻灯片”。

我直言不讳地说道：“这些不是幻灯片——你已经看到了在2周的Sprint之后团队所交付的可工作的软件和特性。”在短暂的停顿之后，山姆说：“我们的系统能在下周一上线吗？”—— 接下来，就是开怀大笑、灿烂的微笑、相互之间的击掌庆祝，等等。显然，演示进行得非常顺利，这也为项目团队提供了进一步的动力。事实上，整个项目都进行得非常顺利，以至于在这个项目完成之前，Ecolab公司又增加了另一个业务部门，也来使用这个电子商务系统。

回顾

持续学习是一个关键的流程。敏捷框架包括团队在每次迭代结束时对其绩效表现进行评估。这一点是至关重要的，只有这样，团队才能了解哪些工作做得好，哪些工作做得不好。有了这些信息，团队就可以在下一次迭代中立即做出必要的调整，以确保持续提升绩效表现——请记住，这就是PDCA循环。

团队对自己绩效表现的了解，有助于制订持续的迭代计划。换句话说，当项目团队完成每次迭代时，他们会有一个更好的视角或更好的展望。反过来，这也可以使团队了解项目的其余部分可能是什么样子的，以便他们可以更新计划。团队可以向产品负责人、干系人或项目发起人提供针对项目剩余部分的全面更新。同样，团队需要意识到，整个发布计划也可能发生变化，并且需要在每次迭代完成后进行微调。

发布计划

发布计划有助于项目团队和执行组织理解总体发布结构的呈现方式——团队和组织开展工作的依据。发布计划可以让我们了解在什么时候能够发布有价值的东西——无论是从市场上采购东西来为公司创造收入，还是在公司内部发布有价值的东西，通过为组织提供能力来交付价值；又或者通过这些有价值的东西提升效率，这些都是之前我们做不到的。

时间驱动的发布计划，显示了在规定的时间框架内，基于预计要完成的工作量，估算出可能需要执行多少次迭代。特性驱动的发布计划，提供了一个初步的想法，即需要多少个Sprint才能完成交付最小可行产品（Minimum Viable Product，MVP）所必需的工作。

发布计划的核心是对特性、功能和用户故事进行持续的优先级排序，以便能够让可以提供最高价值的可交付产品的那些条目位于产品待办事项列表的顶部，并且能够在发布计划中反映出来。同样重要的是，项目团队和产品负责人要一起工作，并讨论强制性的依赖关系以及那些可以互补的工作条目。总体发布计划可以确保以这种增量方式构建的产品能够保持一致性，与此同时，确保工作完成的顺序也是有意义的，因为这可以让业务价值最高的事项尽快完成。

总结

在本章中，我们讨论了敏捷的要素和敏捷的价值观，这对于帮助你理解敏捷应该如何运作是非常重要的。适应、灵活、迭代和快速是敏捷的所有要素，它们都是敏捷价值观的一部分。

我们讨论了敏捷生命周期，以及敏捷生命周期的一种运作方式——在开始Sprint之前，首先执行瀑布启动和计划工作——这是一种混合的AgileFall方法。我们还研究了基本的Scrum生命周期，以及它如何从愿景和待办事项列表开始，在每个Sprint结束时都要进行Sprint评审，包括演示和回顾。

除了提供关于敏捷和Scrum的基本信息，我们还列举了一些实例，对这些方法的混合应用将是比较现实的方法。

第6章将讨论如何组建敏捷团队，以及一些沟通的实践方法，这些方法建议团队能够坐在一起工作。我们看看这种集中办公的方式是否总是现实的，以及如何解决这个问题，因为全球的虚拟团队可以使用许多通信工具来进行沟通。

第6章

敏捷团队与挑战

敏捷团队的特殊元素

敏捷价值观包括“个体和交互高于流程和工具”，“工作的软件高于详尽的文档”（《敏捷宣言》，2001）。在这种情况下，重要的一点是，任何有效的敏捷应用都应该关注敏捷团队、团队协作和对敏捷工作的承诺，敏捷团队作为一个信守承诺的团队进行运作。通过我自己的实践经验，结合许多实践者和学员的讨论，我发现无论采用何种方法，建立高绩效的项目团队都是项目管理中一件非常困难的事情。采用敏捷实践不会让建立团队这件事变得更容易——事实上，在最初的时候，敏捷会让这件事变得更加具有挑战性。

敏捷提供的原则鼓励自我管理和在同一地点工作的团队。一些框架（如Scrum框架）提供了角色、事件和工件，但刻意不去规定如何执行的具体流程（这是留给书籍和培训师去做的事情）。敏捷的核心原则之一是自组织团队。理想情况下，团队是专门的、跨职能的、忠诚的、负责的，并且在同一地点工作。所有这些说起来容易做起来难。

注意：敏捷历来重视在同一地点工作的团队。但是，随着敏捷的演进、世界的发展和所面对的变化，敏捷中的虚拟团队出现了，只要有适当的技术和领导力的支持，虚拟团队可以正常和有效地运作。

挑战——专门的团队

在我自己的职业生涯中，我曾经在专门的项目团队中工作过，也与非专门的项目团队一起工作过。毫无疑问，与专门的项目团队一起工作，会使交付更加容易。敏捷框架提倡小型的、专门的项目团队，如果没有专门的项目团队，敏捷项目将面临直接的障碍。许多组织不能理解专门的项目团队对于快速和有效地完成关键工作的重要性。相反，这些组织将他们的人员分散到多个项目中，这造成了一种错觉，即通过让员工同时执行多个项目，就会以某种方式同时在所有项目上取得进展。这体现了一个永恒的“神话”，即组织必须而且能够“少花钱，多办事”。

“少花钱，多办事”是高层领导者经常说的“谎话”，我们往往会在最近经历裁员的组织中或正在快速增长的组织中听到，组织的管理者不能或不愿意增加人员来完成工作。其中，一个尤其普遍的领域是项目的交付，无论是敏捷的项目，还是计划驱动的项目，都是如此。许多组织要求同一组人在运营业务的同时，还要交付多个项目来为组织服务，可想而知，这样做的后果会非常糟糕。

“少花钱，多办事”的方法使得运营和研发的工作出现了项目价值延迟交付或者干脆停止了项目执行。这种方法会导致效率低下，同时会降低士气，导致人员更替，并且当同一个人需要做所有的事情时，自然而然地会将组织中的项目置于风险之中。风险有两种形式：战术风险，由项目自身产生；战略风险，当项目的执行时间远远超过预期时，由于投资回报的延迟而产生。

因为敏捷关注的是快速实现价值，组织如果选择不去创建专门的项目团队，往往会立即削弱成果。有效的敏捷实施提倡建立专门的项目团队，并要求组织做到以下几个方面：

- 组织专注于在更短的时间框架内交付少数关键项目。
- 组织愿意把最优秀的员工放在专门的项目团队中，致力于关键的、少数的、高价值的战略项目。
- 组织严格地排定优先级，以快速和高效地完成项目，从而避免生产和运营的问题导致无法解决的障碍。

在敏捷的实际运作中，我们不会分配不同人员来分别处理生产和运营的工作，也不会让一个团队承担多个项目，从而避免高价值项目的延期交付。这既适用于业务团队，也适用于技术团队。在当今世界，每家企业实际上都是一家技术公司——因此，组织中最好的业务人员和技术人员必须致力于那些能够创造价值的技术驱动型项目。

这是战略思维和结构的重大转变。许多公司按照职能化的结构进行设计和搭建团队，将项目视为职能化组织方式的一种特殊形式。敏捷要求公司能够基于持续创造价值的项目和价值流来进行组织、计划和招聘，从而可以进行持续的组织转型。这种方法还需要有意识地演进组织结构和招聘模式，在运营中引入新的人员和团队，同时不断地培养主题专家（Subject Matter Experts，SME）和技术专家，他们可以将自己不断增长的经验几乎完全应用于通过价值导向的项目来改进业务。

想要识别和纠正由“少花钱，多办事”综合征引起的风险和低效率，需要敏捷实践者和高层领导者检查项目、项目集和投资组合中的资源分配。如果将相同的资源分配给多个项目，同时还负责运营和解决生产问题，就无法实现专门的项目团队的敏捷核心宗旨。

无论使用什么样的框架来交付项目，最成功和最具创新精神的公司都会关注最好的业务人员和技术人员，并围绕交付关键项目进行组织。这些公司比它们的竞争对手表现得更好——不是通过“少花钱，多办事”，而是通过专注于几个重要的高价值项目，完成这些项目之后，再转移到下一个项目，同时保护这些项目团队不受运营的干扰。

如果需要一个简单实用的例子来进行说明，你可以在白板上绘制出以下的场景：

想象一下，某天早上你醒来之后，发现有五块大石头挡住了你的车库。你有两辆车和一条船放在车库里。其中一辆车，你需要现在就开走，同时需要用车把船也拖走，而另一辆车暂时不需要开走。你有你的另一半，以及两个强壮的青少年作为资源，还有你的邻居，他们愿意帮助你。

那么，面对以下两种选择，你会怎么做?

1. 五个人每人负责一块大石头，这样的话，他们利用一整天的时间，可以让每块大石头都能稍微移动一点点距离。

2. 把所有人集中到挡在第一辆车的大石头上，移开它，然后移开挡着船的那块大石头，最后移开挡着另一辆车的大石头。

显而易见，你会选择第2个方案。然而，企业总是会选择第1个方案。企业不会创建专门的项目团队，也不会排定严格的优先级顺序，进而选出少数的几个关键项目，并采取灵活和聚焦的方式加以执行。

挑战——跨职能的团队

除了小型的、专门的、自我管理的项目团队，敏捷还提倡团队应该是跨职能的。之所以提倡跨职能的团队，从理论上讲，是因为这些自我管理的团队可以工作得更快、更有效，而由专家组成的团队因为每个人只负责自己的领域，往往会产生一些障碍，甚至有些工作可能会依赖外部团队的一些专家。那么，这是否意味着团队中的每个成员要么成为通才，要么知道完成项目工作所要求的所有事情?不，因为这是不现实的，而且可能会降低效率。

对于我的学员和我所领导和提供过咨询的组织，我建议他们都要考虑组建跨职能的团队——团队中的每个人都很擅长自己的领域，同时也能够做好一到两件自己领域之外的事情，而且每个人都有责任检查质量并帮助解决问题。下面是一些实际的例子。

几年前，我和妻子很幸运地认识了一个勤杂工，他的名字叫乔，他为我们的房子做了很多修缮和翻新的工作。这些年来，乔为我们重新装修了卧室、地下室、浴室、厨房和阳台。有几项工作，乔是非常精通的，当然他也知道如何去做好其他的事情，同时他知道自己能力的局限性。对于更大的项目，如装修位于地下的办公室和厨房，乔组建了一个小型的跨职能团队。乔是一个很好的项目负责人，他请唐做详细的设计，其他几个人做一般的木工活。唐也很懂与水管相关的工作，而且这个团队中每个人都知道如何砌墙、铺地板和刷油漆。当需要电工的时候，他们就会找一名电工专业技术人员来完成相关的工作。

我们位于地下的办公室和厨房的改造项目都必须在四周内完成，乔和唐每周都像执行一个Sprint，每周都有待办事项列表中的工作要做，每天都有要完成的目标。当团队中的一个人完成了当天的专业工作后，他就会去协助另一个人，每个人都会检查已经完成了的工作的质量，并帮助清理工地的垃圾。

迈克·科恩（Mike Cohn）是一位知名且受人尊敬的敏捷作家和培训师，他指出，跨职能团队并不一定意味着团队中的每个人都能完成每项任务或拥有每种技能。科恩指出：“一个跨职能团队的成员拥有多种技能，但这并不意味着每个成员都拥有所有的技能。”科恩举了一个例子，一个团队配备了一名才华横溢的数据库开发人员。这样做的目的是让这个人专注于数据库相关的工作，同时确保团队中有足够多的成员具备多种其他技能，以便他们能够在每个Sprint中完成所承诺的工作。

科恩还举了另一个例子来说明这一点。一个杂货店中，收银员负责扫描商品并处理付款的工作，装袋工负责打包装袋。如果装袋工落后了，收银员就会上前帮忙打包装袋。收银员具备了多种技能（收银和装袋），杂货店就可以在每次轮班工作中少安排一些专门的装袋工。

软件开发中的测试，是跨职能工作中具有重大影响的一个领域。每个人都可以在一个Sprint内执行测试，或者支持他人执行对于已完成特性的测试，从而帮助整个团队实现自己的承诺。有一些公司（如Salesforce）已经从它的软件团队中去掉了专职的测试人员，并要求团队中的所有开发人员和架构师都要进行测试。Salesforce的一位高级工程副总裁解释说，每个人都对质量和测试负责，开发人员在发布期间轮流担任质量保证人员 / 质量工程师的角色（Ayers，2016）。

组织必须致力于培养具备多种技能的团队成员，这些人是敏捷团队和项目团队所需要的。具体的实现方式包括，招聘时选择跨职能的人才，以及后续培养团队成员的多种技能。领导者和管理者想要获得跨职能的人才和团队，就需要雇用“T型”人才。这些人除了有自己的专长，还拥有其他的兴趣和技能，能够以多种方式为团队做出贡献。

组织还必须致力于培养自己的跨职能人员。在实践中，这意味着领导者要有意识地通过开展交叉培训来发展项目团队。此外，领导者还要理解，这可能会影响短期的项目结果，但对于团队的长期发展是有好处的。

挑战——同一地点办公

敏捷提倡团队成员之间及团队与干系人之间的即时个人交流。阿里斯达·科克伯恩（Alistair Cockburn）和史蒂文·安博（Steven Ambler）描述了沟通方式会影响沟通的“热情”、有效性，以及沟通内容的丰富性。简言之，人们进行交流和协作的最有效的方式是面对面沟通，最无效的方式是通过复杂的文档传递进行沟通，如图6-1所示（Ambler，2005；Cockburn，2002）。

这说明了敏捷对在同一地点办公的项目团队的偏好和关注。转过身与团队成员交谈，走到他们的办公桌前交谈，或者进入会议室或在白板前交谈，这样的沟通能力对团队和他们的工作进展非常有价值。一旦将电话、电子邮件和会议的方式引入沟通的过程中，团队的沟通速度和效率就会受到影响。然后，对问题或需求的快速解决就产生了障碍，导致工作不能在Sprint中完成，团队也无法兑现自己的承诺。

实际上，在同一地点办公往往无法实现、不切实际，甚至有些团队并不愿意如此。在编写本书的时候，市面上已经出现了很多有效的参考资料，说明如何进行远程工作和在家办公。我曾领导过一些敏捷软件实施和开发团队，团队成员分布在美国各地，客户来自美国、欧洲和亚太地区，所有团队都是远程 / 分布式的。我们使用的协作工具包括Slack、Teams、WebEx、Zoom、Jira、Azure DevOps、Rally、VersionOne等，这些工具使敏捷团队能够创建共享的工作空间并实时协作，而无须在同一地点办公。

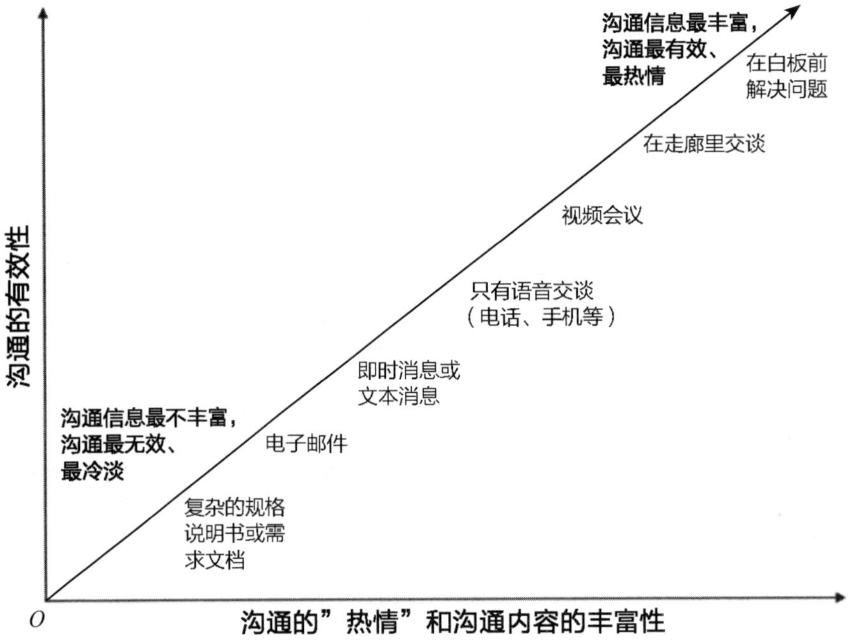

图6-1　沟通的有效性

避免“作战室”心态

为了能够成功地交付项目，组织应该少关注团队成员所在的具体位置，而应该多关注团队的组织方式。根据我的经验，仅仅靠团队在物理地点上的亲密关系，对于任务的完成起不到太大的作用，真正起作用的是在一个长期的、有凝聚力的团队中存在的稳固的团队关系。

在最近的一次咨询工作中，我接手了一个问题重重的项目，这个项目已经超过原定的完工日期一年多了。当我介入时，组织中的一些职能经理已经尝试了两次，想通过将项目团队集中到“作战室”（War Room）来完成项目，他们认为可以通过物理地点上的亲密关系来解决一部分问题。

在这个问题重重的项目中，“作战室”被团队视为一种惩罚措施。有时候，强制团队在同一地点办公具有双重目的，既要确保必要的人员在场，又要激励团队完成工作，只有工作完成后才允许他们离开“作战室”。当把“作战室”作为一种惩罚措施使用时，这不但不会激励团队，而且会导致有价值的团队成员离职。

如果组织只是把没有团队精神的人聚到一个房间里，告诉他们如果想要回到正常的工作环境，就必须先完成当前这个项目，这样做是无效的。组织必须专注于创建长期存在的团队，以建立彼此之间的信任，并让团队成员在自己所工作的产品、项目和系统中深入地分享经验。

这样的团队才更有可能完成项目交付，无论团队成员的物理地点在哪里。随着彼此之间信任的建立，团队对产品或业务功能的了解也会持续增加和不断发展。这反过来也会促进生产力和质量的提高。此外，团队成员之间建立了相互依赖关系，并带来了心理上的安全感，从而使团队可以有效地交付功能，并且能够在不担心后果的情况下创

造性地、富有成效地讨论自己的想法。（Schneider，2017）

虽然我们强调远程工作者的生产力，不鼓励带有惩罚性质的在同一地点办公，但是，这并不意味着我们反对在同一地点办公。毫无疑问，在物理地点上的亲密关系可以帮助团队快速沟通和协作。如果可能的话，团队长期存在并在同一地点办公，这是最理想的情况。然而，不应该强迫或惩罚那些分布式或远程办公的团队。无论是在同一地点办公还是分布式办公，成功的团队都是长期存在的、跨职能的、与业务流程保持一致的。无论团队成员坐在哪里，组织都应该尽可能长时间地保持让这些团队成员在一起。

实例

我在CloudCraze软件公司（于2018年被Salesforce公司收购）工作期间，我们把分布式软件开发团队聚集在一起，完成了一个版本的发布，启动了一个新版本开发周期的计划。此次聚集包含了工作完成的庆祝活动，以及共同召开发布回顾会议和发布计划会议的活动。具体的做法是，第一天召开一个欢迎和介绍性的会议，描述本周要做哪些事情。当天晚上，将举办一个集中的社交活动，因为自从上次发布之后大家就都没有彼此见过面，利用这次社交活动的机会，大家重新见面和建立连接，并作为一个团队共同庆祝所取得的成就。

第二天的议程是发布回顾会议，其中包括针对这次新发布做一个完整的演练，展示给组织的其他部门，如专业服务部门、客户维护和支持部门，以及公司中的其他高层领导者。这为开发团队提供了一个机会，来展示他们所交付的完整版本，同时也提供了一个重要的功能——让公司中的其他成员可以熟悉新发布的特性，以及针对一些重要缺陷已经提供的相关解决方案。在这一周的其他几天里，我们组织了一些进修培训，如开发安全代码，或者从我们构建的Salesforce平台上开发最新功能。然后，我们进行详细计划，准备下一个版本的发布工作。

其他一些使用分布式／远程团队的组织也在做类似的事情——在远程工作的过程中加入一些团队聚会，从而让团队成员建立和巩固人际关系，并在一段时间内一起工作。例如，在*The Year Without Pants*一书中，斯科特·伯克恩（Scott Berkun）描述了他在WordPress公司工作的那一年，以及他们如何定期召集团队进行工作和社交互动。伯克恩描述了如何将人际关系与社交活动和工作结果相结合，从而帮助增强团队活力，并能够让团队无论是聚集在一起还是回到各自的分布式地点，都能够有效地完成工作。（Berkun，2013）

在Salesforce公司，一位负责工程的高级副总裁向我描述了他们的分布式团队是如何工作的，团队成员分布在旧金山、佛罗里达等地，以及一些小型离岸团队中。与Salesforce公司的其他例子一样，这些团队会在可能的情况下定期地聚到同一地点办公。（Ayers，2016）

挑战——人

有时候，我在课堂上和演讲中说："如果项目可以在没有人参与的情况下交付，那么项目就会变得容易多了。”在笑声（和翻白眼）停止后，我通常会说项目团队成员需要得到尊重和理解。在任何项目环境中，解决人们工作风格和性格类型差异的问题，确实是最大的挑战之一。强调承诺和责任是敏捷实践的核心，但可能会加剧或突出工作风格和性格差异，这有时候是件好事，有时候是件坏事。

敏捷实践者必须认识到如何在敏捷环境中展现工作风格和性格差异，并准备好使用敏捷实践及其他通用的软技能来应对这些情况。敏捷关注的是自我管理的团队，以及在每个Sprint中交付可工作产品的协作和努力，这意味着最高效的团队必须解决关于人的问题，营造尊重和信任的环境，从而实现有效的协作。我们需要考虑以下因素：

- 敏捷是完全协作的，敏捷的价值观提倡实时的沟通和人员互动。
- 每日站会和回顾会议是获得其他团队成员实时反馈的重要机会。
- 为了使反馈有价值和起作用，反馈需要即时和相互尊重的互动，承认并重视人们在风格、思想和沟通方面的价值观差异。

这意味着敏捷实践者必须发挥他们的软技能，熟练地给予和接受建设性和基于尊重的反馈，并在建设性的争论中寻找价值，同时保持对员工和整个团队的尊重。

我喜欢用的一个例子是，团队中一个新成员整整一周都卡在一个障碍上。我们可以从不同的视角来看待这个问题，这些视角来自团队成员、Scrum Master，以及团队中一些更有经验的成员。

- 这个团队成员可能是新人或资历较浅的人——他在某种程度上被其他团队成员的经验吓到了，因为害怕丢脸而在这个卡住自己的障碍上显得无能为力。

- Scrum Master想知道为什么这个功能需要这么长时间，但必须认识到，在平衡需求和责任以帮助团队自我管理和克服障碍时，要考虑这个团队新成员的感受。

- 更有经验的团队成员可能已经意识到在本周早些时候发生了一些事情，他们想知道为什么这个团队新成员没有寻求帮助。

在这种情况下，每个人都必须认识到，作为一个自我管理的团队，需要团队新成员坦诚地说出他们的障碍，并让团队中的其他成员给予支持和尊重，同时，团队要学习相关技术和敏捷原则来解决障碍。

在评估这种情况时，需要考虑经验、自我意识和专业成熟度。经验丰富的团队成员和Scrum Master，或者敏捷教练，可能会意识到这种情况，并相对轻松地解决这些问题；而经验不足的团队新成员和仆人式领导者，可能会陷于挣扎之中。当认识到这样或那样的情况之后，我们就可以通过建模的方法及其相关实践，来解决这些存在于所有项目团队中的关于人的问题。

> 如果项目可以在没有人参与的情况下交付，那么项目就会变得容易多了。
>
> ——肖恩·贝林，敏捷课程中糟糕的笑点

总结

在本章中，我们研究了一些涉及敏捷团队的常见问题。我们讨论了专门的团队、跨功能的团队、同一地点办公和虚拟办公，以及如何避免“作战室”心态，并回顾了一些实际的例子，从而说明敏捷团队如何在同一地点和虚拟的环境下有效地开展工作。

第7章将讨论敏捷中各种仆人式领导者的角色——Scrum Master、敏捷项目经理、敏捷教练等。第7章还将深入探讨仆人式领导力的意义及其在敏捷和混合方法中的重要性。

第7章

敏捷中的仆人式领导者

领导与管理

让我们马上来解决一个问题——认为传统的项目管理背景和Scrum Master角色或敏捷团队领导者是不兼容或相互排斥的，这个想法是非常荒谬的。如果你需要一些令人信服的证据，那么我介绍一位优秀的敏捷教练、培训师和作者——丽萨·阿金斯（Lyssa Adkins），她正是从传统的项目管理者转型成为敏捷实践者的。我可以毫不谦虚地说，我自己也已经很成功地完成了这种转型。如果你对这个话题很感兴趣，那就请上网去搜索一些相关资料吧。我将重点介绍Scrum Master和敏捷项目经理，它们都是仆人式领导者的角色，在帮助敏捷团队自我组织和交付价值的同时，持续地保持学习和改进。

在实践中，许多组织都试图将项目经理转变成Scrum Master或敏捷项目经理。在混合方法中，这是一种有效的方法，因为这些实践者可以将瀑布框架和敏捷框架中的元素应用到项目和组织中。

在角色转型中，其成功或失败很大程度上取决于组织、文化，以及他们是否愿意承认采用敏捷作为完成工作和项目的方法所带来的内在挑战。最关键的因素是个人。有些人不能从计划驱动的项目经理转变为敏捷所需要的仆人式领导者。

其中，一个关键的决定性因素是个人和专业的成熟度与经验。如果一个人在使用这些方法执行工作的同时，头脑中还有其他不同的方法，那么他们不仅可以成为有效的Scrum Master或敏捷项目经理，还可以继续有效地管理计划驱动的项目。我们所讨论的是工作，不是宗教。只要人们能够有效地执行他们的角色，并接受和实践敏捷的原则，计划驱动的项目经理就可以转型成为非常有效的Scrum Master和敏捷项目经理。

现实情况是，许多组织已经将项目管理作为一种业务职能进行投资。当这些组织开始使用更多的敏捷实践，并认识到组织敏捷在整个企业中的优势时，它们就能对现有的群体、已经具备的技能组合，以及对组织有意义的现有知识进行有效的利用。

有些组织会犯一种错误，即认为执行一轮Scrum Master培训或敏捷培训，然后对每个人进行认证，就可以成功地实现或转型到敏捷。其实，这些组织之前也犯过同样的错误，它们曾经把项目经理送到PMP训练营，期望通过PMP培训和认证，就可以自动培养出有效的项目经理，交付成功的项目。不管是采用敏捷还是非敏捷的项目管理方法，这种仅靠培训和认证的做法都不会奏效。

话虽如此，但是Scrum Master或敏捷领导力的培训却是有必要且有价值的。因为Scrum Master这个角色非常重要，对其进行培训可以确保鼓舞敏捷仆人式领导者开展相应的学习。

Scrum Master

在Scrum框架中，Scrum Master强化Scrum的价值观，并帮助团队制定相应的框架和流程。这里，要对“强化”一词做出详细的解释。Scrum Master不是一个命令控制的角色，其职责是提醒、辅导、帮助团队成员，帮助他们进行组织，并帮助团队从Scrum的执行中获益。Scrum Master保护团队，充当流程的使能者。简言之，Scrum Master尽其所能帮助团队成员完成他们的工作，实现他们对项目和彼此之间的承诺，并总是能够保持警觉，以便获得新的机会，还可以对团队成员进行培训、共同学习，以及帮助团队成员提升他们的实践方式和使用Scrum的工作方式。

敏捷项目经理

敏捷项目经理的角色与Scrum Master非常相似，但在实践中，很大程度上受组织如何使用敏捷框架和实践的影响。如果组织使用的是混合敏捷方法或Scrum以外的方法，那么角色的呈现方式将有所不同。

敏捷项目经理可以帮助团队自我组织、保持专注，并做他们最擅长的事情，敏捷项目经理尽最大的努力为团队和组织提供价值。敏捷项目经理帮助团队解决困难和清除障碍，并将超出团队控制范围之外的障碍向领导层汇报。

在大多数情况下，敏捷项目经理保留了传统项目经理的职能，如跟踪项目团队的进展，并向其他业务职能汇报，如PMO或其他中层管理者。敏捷项目经理可以通过执行这些工作保护团队，防止因为处理这些事务而分散团队的注意力。

无论采用哪种敏捷方法，敏捷项目经理都可以引导各种不同的流程。例如，在Scrum中，敏捷项目经理可能作为Scrum Master的角色，来引导Scrum的流程。他们与产品负责人或项目发起人打交道，敏捷项目经理在承担这个角色时，不仅能够传达信息，还能够帮助产品负责人或项目发起人履行自己的职责，此外，敏捷项目经理也能保护团队不受产品负责人、项目发起人或干系人偶尔对项目团队造成的干扰。敏捷项目经理还可以保护团队不受那些可能对项目感兴趣的任何个人所带来的外部干扰，这些个人往往只是从管理的角度出发，而不了解团队是如何运作的。

仆人式领导力

敏捷的执行依赖Scrum Master和敏捷项目经理，因为他们理解并能展现仆人式领导力的概念。仆人式领导力是一个深奥的话题，我在此不做深入探讨。如果你希望更深入地理解仆人式领导力，可以阅读罗伯特·格林利夫（Robert Greenleaf ）的著作。对于敏捷执行的现实状况来说，理解Scrum Master或敏捷项目经理的仆人式领导力的表现形式就足够了，但这也很关键。

仆人式领导者将领导视为一种机会，用来帮助他人提高绩效、享受工作、实现目标，而不是把自己看作别人的经理或老板——监督别人把工作做完。作为仆人式领导者，Scrum Master或敏捷项目经理不是任务的管理者，也不会要求团队工作得更努力或更快。相反，他们关注团队成员个人，寻求提高团队绩效的方法，消除障碍，并提供成功所需的资源。一个真正体现仆人式领导力的人，会通过自己的行为赢得下属的尊重。让我们来看一些具体的实例。

实例

描述Scrum Master或敏捷项目经理真正在做什么的一个很好的方式是通过实例。让我们来看看这个角色是如何执行一些关键职能的：

- 帮助团队在Sprint中实现自组织。
- 有效地引导敏捷流程。
- 与产品负责人合作，将其对团队的作用和贡献最大化。
- 使用工件和度量指标，使团队受益并与客户交流。
- 实践仆人式领导力。

帮助团队在Sprint中实现自组织

团队在整个敏捷项目生命周期中都是自组织的。在最初的项目计划阶段（无论是在Sprint 0，还是瀑布启动阶段和计划阶段），团队会决定Sprint的长度、地点、每日站会的时间、场地、估算流程，以及其他工作规范。Scrum Master或敏捷项目经理可以帮助团队实现自组织，并为团队最初的Sprint做好准备。

Scrum Master / 敏捷项目经理通过参考和推荐敏捷最佳实践，以及利用和分享他们自己的培训与经验，帮助团队进行最初的计划活动。他们引导计划会议的讨论，并允许团队发挥自己的领导力作用，同时在必要时介入团队，引导团队走向最佳实践。

Scrum Master / 敏捷项目经理可以在每日站会的时间和地点上为团队提供建议，帮助团队就此达成共识，并确保预留一个确定的会议场地。此外，Scrum Master / 敏捷项目经理还可以为团队提供建议，让他们在一个单独的空间中协同办公，以及让团队使用实时协作的软件工具，从而提高他们的生产力，以便能够实时地共享注释、代码片段和相关工件。

一个新的团队可能会讨论Sprint的长度，以及团队估算时所使用的标准。Scrum Master / 敏捷项目经理可以提醒团队，Sprint的周期应该最长不超过四周，一般建议是两周。如果团队成员主张使用的故事点估算取值范围是1～100，那么应该建议团队使用修改过的斐波那契数列作为估算的取值范围，因为培训和实际经验中的故事点数都不会使用1～100的数值。

Scrum Master / 敏捷项目经理帮助团队做出务实的承诺，并通过组织会议，让团队和产品负责人来评审待办事项列表，讨论优先级，并为第一个Sprint待办事项列表考虑一组初始的用户故事。

假设团队想要在第一个两周的Sprint中承诺交付30个故事点。因为这是团队的第一个Sprint，Scrum Master / 敏捷项目经理建议团队将他们对第一个Sprint的承诺减少到21个故事点，并提醒团队他们的初始速度只是一个猜测，在几次Sprint之后，他们的速度将稳定下来。在未来的Sprint计划会议中，Scrum Master / 敏捷项目经理应该确保团队根据速度做出承诺。如果团队表现出承诺不足的迹象，Scrum Master / 敏捷项目经理应该提醒团队快速交付价值，并确保团队的承诺与他们的能力相匹配。

Scrum Master / 敏捷项目经理在Sprint评审会议和回顾会议中扮演着重要的角色，确保团队对他们的工作获得反馈和认可，并发现改进的机会。Scrum Master / 敏捷项目经理可以组织Sprint评审会议，包括对于团队工作的演示，紧接着是回顾会议。

有些Scrum Master / 敏捷项目经理会使用调查问卷来获取关于他们正在执行的Sprint的匿名反馈，并将反馈写到记事贴上。Scrum Master / 敏捷项目经理必须确保在回顾会议中记录团队的速度和Sprint中已完成的用户故事。回顾会议的主要目标是帮助团队确定他们在下一个Sprint中可以做的一两件事情，并且团队认为这些事情可以提高他们的某些方面的绩效表现（再次强调，这是一个PDCA循环）。

有效地引导敏捷流程

Scrum Master / 敏捷项目经理必须娴熟地掌握引导敏捷的流程，这样有助于消除一些障碍，如缺乏与产品负责人的联系，或者缺乏定期梳理待办事项列表，如果不能迅速地解决这些障碍，就会拖慢团队的速度。如果对这些流程缺乏有效的引导，这些障碍就会影响整个Sprint，并降低团队所能交付的价值。Scrum Master / 敏捷项目经理帮助团队制订Sprint计划，确保工作完成并得到验证，帮助团队进行有效的每日站会，并帮助团队处理Sprint中经常出现的障碍。

敏捷项目依赖于严格地遵循一些特定的活动，以确保团队能够专注于为组织创造持续价值的工作。这些活动包括待办事项列表梳理、用户故事评估和规模估算、Sprint计划会议和Sprint评审会议。Scrum Master / 敏捷项目经理通过引导这些流程来为团队服务。

例如，与产品负责人和团队安排定期的待办事项列表梳理会议是很重要的，可以确保为每个Sprint构建稳定的故事流。此外，也有必要提醒产品负责人和团队，在客户认为有价值的故事与强制性依赖关系和技术风险之间，处理好平衡关系，从而确保能够连续完成工作。在每个新的Sprint开始的时候，都要设定好一系列在Sprint中即将召开的与计划相关的会议，这一点也非常重要。如果不能做到这一点，就会对Sprint执行过程中的持续的计划活动产生负面影响，并减慢团队的整体进度。

Scrum Master / 敏捷项目经理还将使用计划扑克来引导估算的流程，或者使用其他的引导流程来帮助团队用他们所认可的故事点规模来衡量用户故事的大小，并能让最初有不同意见的团队成员有机会解释他们的想法，通过讨论以达成对于估算规模的共识。Scrum Master / 敏捷项目经理还可以帮助指导讨论，在Sprint开始时将故事分解为组件任务。

最后，一个有效的Scrum Master / 敏捷项目经理可以确保提前安排一些活动，包括演示和回顾在内的Sprint评审会议，以确保产品负责人、关键干系人和客户能够及时地参与演示活动，看到相关的演示。

严格定义“完成”和避免技术债务

“完成”定义对于敏捷团队和项目的成功至关重要。我在自己的培训课程中曾说过，不存在“除了……都完成了”的事情，我喜欢分享我参与过的第一个真正的Scrum团队和项目的故事。我在团队中担任Scrum Master，这个团队由四名经验丰富的开发人员组成，我们严格遵循Scrum的框架和价值观。在一个Sprint将要结束时，最后一天的下午是演示会，而在当天上午的每日站会上，团队分享了他们的更新，包括他们称之为“完成”的Sprint和演示。

其中一个名叫大卫的开发人员分享了他更新和完成的工作条目，并将其中一项描述为“除了……都完成了”，大家对他的做法很无奈。我们只得将这个几乎完成的故事从演示版本中删除，因为它并没有真正完成。用户故事必须具备清晰的“完成”定义，Scrum Master / 敏捷项目经理可能需要强制执行这种严格的“完成”定义。

这就是Scrum Master / 敏捷项目经理如何帮助他们的团队避免积累技术债务，如未完成的文档或不完整的回归测试。通过确保团队遵循“完成”的原则，避免技术债务，敏捷团队总是能够尽早发布。这意味着如果产品负责人对交付的价值感到满意，并且准备部署或发布一个比最初计划更早的最新版本，那么组织就可以更快地最大化交付团队的价值。

有效的引导验证流程的另一个重要组成部分是：这是每个人的工作——整个团队的工作。有效的敏捷团队确保每个人都对团队的工作质量负责，并通过分担验证和测试的责任，来帮助团队实现他们的承诺。注意，验证流程必须在Sprint中持续运行。一个常见的错误是允许工作累积到Sprint的末尾才执行验证流程，或者更糟糕的是，为了能完成Sprint的目标而匆忙地通过验证流程。

Scrum Master / 敏捷项目经理应该考虑如何在Sprint的早期就让测试人员和评审人员参与进来，并帮助团队将特性和用户故事分解成更小的部分，以进行增量式的验证。Scrum Master / 敏捷项目经理可以提供的另一种帮助是安排客户和干系人在Sprint执行期间和常规工作执行之后，针对在制品进行测试和评审，从而最大限度地增加团队在Sprint期间可以完成的工作量。

技术债务

我在培训课程中使用信用卡欠款作为例子来说明技术债务。如果你在每月还信用卡欠款时都保留100美元的欠款不还，到年底，你不仅会欠下1200美元的债务，还有累积的利息。

技术债务的概念与此类似（见图7-1）。它不仅包括累积的特定的未完成工作，而且需要额外的精力和时间来处理在每个Sprint中遗留的大量互不相干的工作条目。这增加了累积的技术债务的“利息”，因此需要额外的精力和时间来弥补。

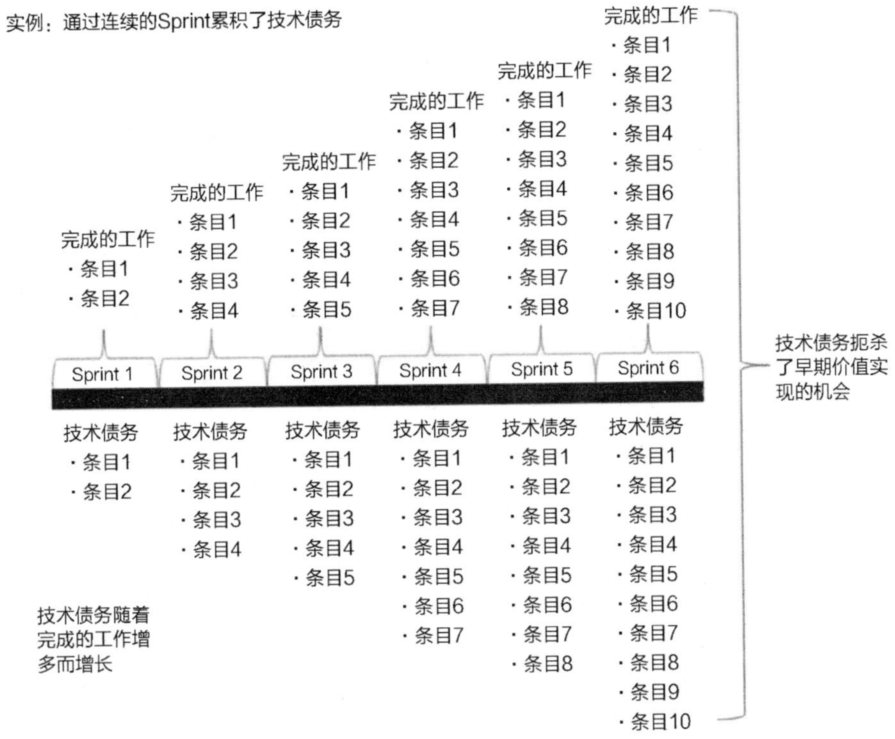

图7-1 增长的技术债务

技术债务和演示案例

演示是深入研究技术债务的好时机，而且让敏捷团队在每次迭代之后都遵循执行演示的原则，有助于避免技术债务的累积，并能帮助团队保持其速度。

跳过演示的敏捷项目团队会将其成果置于风险之中——无论是对每个Sprint还是整个发布，都是如此。在Sprint结束时不做演示的原因通常是，无论团队以“完成”的形式交付了什么，团队对于进行Sprint的演示都不感兴趣。经过几次这样的Sprint之后，大家都不在乎演示了，团队不仅会累积技术债务，而且速度会变慢，完成整个待办事项列表的进度也会变慢。

那些在每个Sprint结束时都做演示的团队会有更好的绩效表现，而跳过演示的团队往往绩效表现不佳。这背后的原因值得进一步研究，以帮助团队建立在每个Sprint结束时都做演示的意识。

最明显的问题是，如果不需要团队来演示自己在当前的Sprint中完成了什么工作，团队就会很容易地说:“我们可以在下一个Sprint中完成这些工作。”如果没有一种健康的压力（如“完成”和能够在Sprint结束时进行演示），小的事情（如文档）、大的事情（如任务）和流程（如完整的回归测试）就会很容易失败。从这种心态出发，就会导致技术债务的累积和只有部分完成的待办事项工作，这可能需要团队增加一些Sprint来完成所需的特性，或者在一个计划驱动的项目中交付价值较低的工作内容。

进行演示的团队可以发布产品

以下是敏捷团队应该在每个Sprint结束时进行演示的六个充分理由。即使他们认为自己的演示对产品负责人或其他干系人来说可能不是很有趣，也要进行演示。

1. 承诺和责任——敏捷项目团队在每个Sprint和每个发布中，对自己及组织都有共同的承诺和责任。承诺完成Sprint待办事项列表，然后对进行的演示负责，这就迫使团队对自己的承诺负责。

2. 透明——敏捷的一大优点是，演示每个Sprint都完成了什么，这是一种真实而透明的做法，可以衡量整个项目的进度，让人毫不怀疑到底完成了什么。

3. 健康的压力——有些压力对团队来说是有益的。让团队知道他们必须在每个Sprint结束时演示自己的工作，这就增加了足够的压力，帮助团队推动工作的“完成”。

4. 工作自豪感——在每个Sprint结束时都进行演示可以鼓舞团队在每个Sprint中都为自己的工作感到自豪，不管他们正在交付什么工作——即使他们认为交付的内容是无趣的。

5. 激励——第3点和第4点有助于整体激励。项目团队激励是项目的一个方面，这并不容易。利用一定程度的健康压力来交付演示版本，以及让团队为自己的工作感到自豪，这都是很有帮助的。

6. 敏捷原则——我们进行演示是因为我们使用的是敏捷框架，而演示是大多数敏捷方法论的组成部分。执行中的严格要求和原则，对于项目的成功及敏捷方法中所提倡的改进，都是至关重要的。

如果团队认为Sprint的可交付产品不够有趣而不足以进行演示，怎么办？使这些工作变得有趣！找到每项工作的价值，并围绕一些元素进行演示或介绍。我在CloudCraze公司工作时，有一个架构师名叫赖斯，他的工作涉及一套应用程序编程接口的完整的开发周期。这些有价值的、增量的软件产品可交付成果没有用于演示，但这并没有阻止赖斯。对于每个Sprint，他都会为自己的演示幻灯片选择一个主题（如《权力的游戏》《星球大战》《恶搞之家》等），然后用这个主题创建一个关于Sprint中应用程序编程接口进展的幽默而有效的演示。这种方式很好地将工作的进展传达给了参加演示的观众，并为一个枯燥的话题增添了很多幽默成分。

另一个故事，与我曾参与过的第一个真正的Scrum团队有关（也就是大卫所在的那个团队，大卫就是那个“除了……都完成了”的家伙）。该团队的第一次演示中，包括一个带有两个字段和一个控制按钮的空白网页。在一个字段中输入一个数值，单击按钮，在另一个字段中返回相同的值。这项工作并不是很令人兴奋——直到在技术上成功地构建了第一个与特定的ERP系统通信的中间件。产品负责人和项目发起人立即明白了这个功能的价值，并使它成为一个有价值的演示。

总之，演示是敏捷项目不可或缺的一部分。演示对于展示完成每个Sprint的价值和确保项目向前推进的势头，是非常有必要的。请记住：不进行演示的团队会失败，进行演示的团队可以发布产品。

引导每日站会

我曾经在一些组织中工作，这些组织里的Scrum Master / 敏捷项目经理的主要作用是组织和“运行”每日站会。事实上，在我的第一个敏捷团队（做特性驱动开发的团队）中，这也是我的主要工作之一。在这段经历中，我养成了一些好习惯，也养成了一些坏习惯。

我的好习惯包括，鼓励那些不善言辞的团队成员提供意见和建议，并分享他们对团队问题和技术问题的想法。另一个好习惯是快速做笔记，以便在周五的时候，团队仍然能够记住在周一时所讨论的内容。我主要的坏习惯是，没有向团队的职能经理确认他们的角色和责任——职能经理可以出席团队活动，但对团队的绩效表现不追究任何责任。

由于每日站会是敏捷中最关键的会议（在某些情况下，它构成了组织敏捷执行的全部内容），因此确保这是一个有效和有意义的会议，是至关重要的。首先——要知道这不是一个“状态会议”。团队不会向Scrum Master / 敏捷项目经理或其他出席会议的非核心团队成员进行汇报。正如丽萨・阿金斯所说，这是一个承诺会议（Adkins，2011）。团队讨论他们的工作是如何进行的，使用的框架是，“我已经做了什么，我正在做什么，以及我遇到了什么障碍”，团队在每日站会中对彼此负责，从而在每个Sprint中完成他们的承诺。

Scrum Master / 敏捷项目经理有效地引导每日站会，确保每日站会的时间、地点，并提醒偶尔迟到的成员要准时参会，不要让团队成员等着他们。我的同事大卫（那个“除了……都完成了”的家伙），倾向于详细说明他每天是如何完成工作的，所以我不得不礼貌地提醒他，在说明自己工作时要聚焦在做了什么工作上，而不是如何完成这些工作。

我们的职能经理在项目早期就了解到，团队每天都在同一地点和时间开每日站会，所以她开始每天都来参加每日站会，听取意见，偶尔用问题打断每口站会。我在敏捷团队中担任Scrum Master或敏捷项目经理时发现，这在敏捷团队中是很常见的行为，所以我学会了礼貌地提醒他们，在每日站会上不要提出问题，要把问题保留到每日站会开完之后提出，同时告诉他们每日站会是团队用于讨论工作进展的会议，而不是汇报工作状态的会议。

识别并消除障碍

有效的敏捷团队和项目是可以不断前进的，这意味着要快速识别障碍。Scrum Master / 敏捷项目经理的一个关键职责是帮助和辅导团队识别障碍，对于潜在的障碍保持开放的心态，并立即将这些障碍公布出来。

一些常见的Scrum团队的障碍包括，需要做出决策或者需要使用故事作为输入来完成工作，获得团队无法控制的资源或工具，需要其他领域人员的协助（如测试人员），需要像用品和零食这样简单的东西才能让团队得以继续工作。

我在组织中做敏捷教练和培训时遇到过这样一个例子，一个初级开发人员因为害怕被团队中的其他成员批评，而没有告诉别人他被用户故事卡住了。这个开发人员之所以加入团队，在一定程度上是为了获得与更有经验的开发人员一起工作的经验，所以他对团队中的一些人心存敬畏。

我所做的教练和培训工作是为了提醒组织中的团队成员，他们对承诺负有共同的责任，必须彼此帮助才能取得成功，包括分享障碍，并帮助彼此解决问题，以及相互学习和相互帮助。

当快速地识别和清除了阻碍团队实现日常目标和Sprint目标的障碍时，敏捷团队就会成为一支高效的团队。Scrum Master / 敏捷项目经理必须帮助团队尽快地清除障碍。一个常见的障碍是需要做出决策，或者需要使用故事作为输入来完成工作。因此，Scrum Master / 敏捷项目经理必须与产品负责人紧密合作，并在必要时对于从产品负责人或其他来源所获得的信息进行跟踪。

Scrum Master / 敏捷项目经理要能够代表团队解决障碍。在我参与的一次咨询活动中，新的敏捷团队想要使用在另一个部门中的一款管理软件工具（Azure DevOps）来跟踪他们的Sprint。这个工具的管理员对该工具配置保护得非常严格，这使得团队在使用工具时限制了自己的能力。作为敏捷项目经理，我说服了这个管理员，开放了团队所需的访问权限，并与他一起确保我们都能有效地使用该工具。

Scrum Master / 敏捷项目经理可以通过做一些小事为团队增加很多价值，如跟踪采购的进展（例如，从曼哈顿城区的街头小贩那里购买无线鼠标电池），以及在团队熬夜完成工作时安排食物。Scrum Master / 敏捷项目经理所做的任何消除障碍的事情，都有助于团队专注于工作并实现其目标。

总之，Scrum Master / 敏捷项目经理是仆人式领导者和敏捷流程的引导者。他们帮助团队实现自组织，并代表团队促进工作的进展。Scrum Master / 敏捷项目经理负责引导正在进行的敏捷流程，如待办事项列表梳理和Sprint计划。他们与团队一起制定和执行“完成”的严格定义，并确保验证和测试可以顺利和一致地运行，从而在每个Sprint中都能做到交付“完成”的可交付成果。Scrum Master / 敏捷项目经理应该确保每日站会是一个有效的会议，并努力识别和清除每日站会和整个Sprint周期中的障碍。

与产品负责人合作

在Scrum框架中，产品负责人是一个关键的个人角色。产品负责人可以成就或者毁掉敏捷团队和项目。为了最大化产品负责人这个角色对团队的好处，Scrum Master / 敏捷项目经理必须在敏捷生命周期的各个阶段与产品负责人紧密合作，这有助于避免在遇到低效的产品负责人时可能出现的一些障碍，并允许敏捷团队在每个Sprint中交付工作产品和价值。

待办事项列表梳理是一个持续的、迭代的流程，可以将待办事项进行优先级排序、评审和细化，并将它们转换为团队可以执行的、有价值的稳定工作流。在敏捷中，产品负责人负责确保用户故事的优先级及其对组织的价值。

在新项目的开始阶段，与产品负责人讨论待办事项列表梳理的流程及其重要性，以及如何确保在Sprint和发布周期中可以定期地组织待办事项列表梳理活动，这都是非常重要的。我发现，每周开两次会议来完成待办事项列表的梳理工作是很有用的。每次会议都应该包括划分故事的优先级、讨论新故事和现有故事、对即将到来的Sprint中要实现的用户故事进行细化，并确保下一个Sprint计划中的故事能被完全定义和理解。

发布计划、Sprint计划及优先级划分

Scrum Master / 敏捷项目经理和产品负责人一起，确保待办事项列表经过梳理和组织，形成一致的发布和Sprint。团队和Sprint的目标是在每个Sprint中产生一个完整的、有效的增量产品。为了做到这一点，Scrum Master / 敏捷项目经理和产品负责人必须对工作进行计划和协调，并考虑如何将所有的部分整合到一起。

发布计划是这个流程中的一个重要元素。Scrum Master / 敏捷项目经理（在必要时，也会有团队的关键成员）会向产品负责人说明强制性的依赖关系和技术风险，这些工作条目应该与产品负责人优先考虑的高客户价值项目相结合。这确保了发布计划经过演进，可以在每个Sprint中交付客户价值。这也确保团队交付的工作为项目构建了一个持续的基础，并解决了可能阻碍项目的风险和不确定性。

Scrum Master / 敏捷项目经理和产品负责人必须在发布的大背景下

考虑每个Sprint的目标，然后与团队一起制订每个Sprint的计划，并能实现在每个Sprint中交付产品价值增量的目标。他们确保每个Sprint在交付自身价值的同时，都能够作为整个新版本发布计划大目标的一个组成部分。

Scrum Master在组织里需要扮演教练的角色，即确保所有其他角色都能够支持团队有效地使用Scrum。由于产品负责人对团队的成功和价值实现至关重要，Scrum Master将把对产品负责人的辅导作为工作的关键部分。最常见的产品负责人问题是缺乏参与，这使得团队和Sprint效率较低。Scrum Master / 敏捷项目经理应该尽早与产品负责人讨论这个问题，必要时还要经常提醒产品负责人提高参与度。让产品负责人认识到自己对团队和组织价值实现的重要性是很有价值的。

保护团队

Scrum Master / 敏捷项目经理有责任在Sprint期间保护团队免受干扰和侵入，并且经常需要与产品负责人保持合作伙伴关系来做到这一点。这对于确保团队在Sprint期间保持专注并实现承诺非常重要。有时这意味着要拦截可能的干扰，并与可能分散团队注意力的人进行直接对话。

以下是我个人遇到过的一个实际例子：一名销售高管在开发人员进行Sprint时，打断了开发人员的工作，讨论另一个具体的客户需求，并要求开发人员做一些额外的工作，从而帮助销售人员获得订单和取悦客户。在这一点上，Scrum Master / 敏捷项目经理应该出面调解，并强调团队正处于Sprint中期，对Sprint或发布计划的任何更改都必须与产品负责人讨论。

使用工件和度量指标

敏捷框架通常使用速度作为度量指标，并使用燃尽图和Scrum板等工具，来帮助团队进行自我管理和计划。Scrum Master / 敏捷项目经理有助于使这些工件和度量指标对敏捷团队和组织有价值，并确保度量指标和工具对团队是可见的，并由团队自己负责。

使用敏捷的组织需要对整个项目治理进行准确的报告。Scrum Master / 敏捷项目经理能够综合这些信息，同时使团队能够专注于其工作，这对团队和组织来说都是有价值的。Scrum Master / 敏捷项目经理通过指导团队维护他们自己的度量指标和工件来辅导和领导团队。Scrum Master / 敏捷项目经理应该根据需要使用相同的信息来维护和提供组织及其管理过程所需的报告。

Scrum和其他敏捷框架的关键指标是团队速度。这是确定团队在即将到来的Sprint中承诺并完成工作的能力的重要指标。它还有助于预测和更新完成项目所需的总时间，或者在一个固定的时间框架内可以完成的工作量。

Scrum Master / 敏捷项目经理帮助团队跟踪每个Sprint和发布的速度。当一起进行八个或更多的Sprint时，团队就可以发现速度的正常值和异常值（异常值出现在团队产出相对于平均水平非常低或非常高的Sprint），并将其作为计算速度和计划未来能力的参考。

跟踪团队在Sprint中投入的工作时间，也是很有价值的。在实践中，敏捷团队有时会陷入非Sprint的工作。通过跟踪Sprint中实际的投入时间，你可以将这些时间与速度进行比较，来评估非Sprint工作时间对团队速度的影响。通过使用这些数据，可以帮助团队将精力聚焦在一个项目上。

有些团队的Scrum Master / 敏捷项目经理会使用Scrum板、燃尽图，以及相关的工件和度量指标。然而，团队需要承担相应的责任，来保持这些工件能够反映当前状态，并及时进行更新。在团队形成和组织的过程中，重要的是讨论团队如何使用物理Scrum板（包含用户故事卡片和任务即时贴），或者如何使用组织中的敏捷管理软件，来计划和跟踪Sprint和整体发布。例如，软件开发公司可能使用特定的软件工具来跟踪度量指标，如总故事点、完成的故事点、预计的完成日期，以及尚未估计的问题（见图7-2）。

在实践中，我经常会听说，团队专门召开一次站会或者单独召开一次会议，大家一起更新Scrum板。这不是一个理想的结果，可以作为改进计划，提醒团队要承担对于这些工件的共享责任。在这些情况下，提醒团队、团队之外的人（如职能经理和产品负责人），依赖这些工件来理解项目的进展是很有用的。我发现，当燃尽图和Scrum板保持及时更新时，这些人或许不再会因为要询问团队的进展情况，而干扰团队或者打断每日站会了。

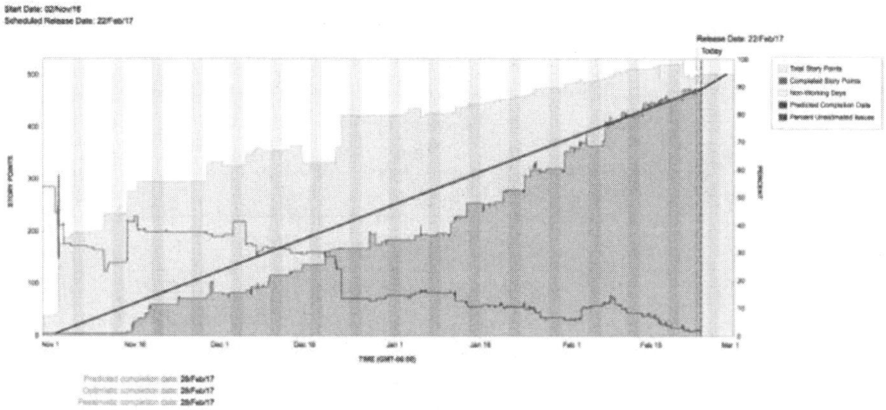

图7-2　Jira中可视化发布度量的示例截图

不管采用什么样的项目管理方法，组织都需要知道项目在投资组合和项目集中是如何执行的。敏捷项目经理的职责之一就是了解组织中的汇报和治理需求，并确保团队使用的工件和度量指标满足组织所需的汇报和治理流程。

尽管组织中的状态报告各不相同，但敏捷团队和项目的状态报告应该包括关于速度的定期更新、关于燃尽图的更新，以及关于发布健康状况的持续更新。发布健康状况是指，在每个Sprint之后，查看关于发布计划中要完成的高阶目标或特性的进展情况是否正常。实现这种健康状况检查的方法是，查看哪些特性是正常执行的、哪些特性处于风险中，以及哪些特性是有所延迟的（见图7-3）。

每两周更新一次

每两周——基于Sprint结果进行更新

4.6特性/故事	完成情况	交付风险
智力框架——试点	即将	低
订阅更强、用户体验更新	即将	低
用户体验更新	即将	低
指导顺序——试点	可能	中
产品比较	可能	中
突发存储模版 大批量订单 – MT Omal-channel 接口	不能	高

	总故事点	完成的故事点（截止到Sprint 27）	未完成的故事点
产品比较	38	28	10
复杂产品的订阅	78	41	37
HOV 2.0（初始订单和初始订单模版）	49	8	41
网络资源	185	131	54

图7-3　发布健康状况更新（每两周执行一次）示例

实践仆人式领导力

敏捷领导者必须知晓仆人式领导力的意义，并且每天都要体现其价值观。高效的Scrum Master / 敏捷项目经理是仆人式领导者，他们可以指导团队在每个Sprint中专注于实现其承诺。对团队和组织来说，拥有高效的仆人式领导者是非常有价值的，他们可以帮助组织通过使用敏捷来快速创造价值。

仆人式领导者创造了一种环境，让团队能够认识到自己的工作是有价值的，并对这些工作负责。Scrum Master / 敏捷项目经理应该帮助团队达成目标，领导并指导团队使用敏捷。

一个实际的例子：假设一个团队在完成承诺的Sprint待办事项时有些落后，并且必须采取行动来实现其承诺。在一次站会上，Scrum Master / 敏捷项目经理询问团队是否有办法让落后的工作回到正轨。团队建议，花几天时间加班加点工作。Scrum Master / 敏捷项目经理鼓励团队做出这个决定，并询问团队在加班的时候想要吃什么，并主动安排了一些人员，在工作之余对团队将要完成的工作内容进行测试。

另一个实际的例子：在Sprint评审会议之前，Scrum Master / 敏捷项目经理应该做好所有的安排，如预订房间、邀请与会者、最终确定演示平台、设置会议系统，以及任何其他必要的安排。然后，Scrum Master / 敏捷项目经理应该首先对团队为完成承诺的待办事项所做的努力（以及前面例子中提到的任何额外努力）表示感谢，然后开始Sprint评审。

仆人式领导者帮助团队最大限度地向组织提供价值交付。仆人式领导者通过一些简单的事情，如关注团队的需要，以及处理一些行政方面的工作（如安排会议日程和会议计划，编写会议报告和演示文稿），从而允许团队聚焦自己的工作。仆人式领导者涉及一些更复杂的领导工作，如与产品负责人进行协调，或者与组织中的项目治理部门一起工作，从而确保团队获得足够的信息，以便取得较好的工作进展。

随着时间的推移，高效的仆人式领导者将帮助团队对速度做出可衡量和持续的改进，并成为组织中其他团队良好敏捷实践的榜样。虽然仆人式领导者总是将所取得的成就归功于团队，但是作为团队和组织中的其他领导者会知晓团队取得成绩的原因，并欣赏仆人式领导者的技能，因为他们也希望自己能够成为高效的、敏捷的仆人式领导者。

总结

本章重点介绍了Scrum Master和敏捷项目经理的角色，以及他们在为团队提供服务的过程中所展现出的仆人式领导力。一些实际的例子有助于说明这两个角色如何执行关键的职能，从而帮助敏捷团队在各种敏捷项目场景中做到自组织，并能兑现承诺和保持较高的效率。

第8章将关注产品负责人在敏捷和混合敏捷场景中的关键作用。产品负责人是一个可以成就或摧毁敏捷项目和团队的角色，理解这个角色的重要性和责任，是混合敏捷方法和任何类型敏捷项目取得成功的关键。

第8章

敏捷中的产品负责人

一个可以成就或摧毁敏捷项目和团队的角色

在CloudCraze公司工作的几年中，我所经历的事情，以及与学员和敏捷实践者的数十次对话，都证实了产品负责人可以成就或摧毁敏捷项目和团队。一个有效的产品负责人可以保持事情的进展，并确保团队专注于最高业务价值的工作。一个无效的产品负责人是一个巨大的障碍，他会使团队的速度下降到爬行的程度，损害团队的士气，并削弱敏捷实施或项目的有效性。

> **注意：** 最常见的关于产品负责人的问题是，团队总是在等待产品负责人的输入。

产品负责人要确保敏捷项目团队在Sprint和发布周期中，关注最高价值的交付成果。产品负责人与团队一起，不断梳理待办事项列表，并解答团队提出的问题，以便团队能够兑现交付承诺。产品负责人还与团队一起考虑用户故事的影响、任务之间的依赖关系，以及在Sprint执行期间影响工作交付的技术风险。

产品负责人为了能够承担好这个角色，必须充分了解客户的需求和愿望。这个角色对项目团队来说必须是专属和可用的，以便敏捷团队不必为了等待反馈或者决策而花费大量的时间。这个角色必须深入理解业务的关键驱动因素，并在整个项目中强调这些因素，以便确保价值的一致性交付。这个角色非常重要，因此有专门的培训和认证［如Scrum产品负责人认证（Certified Scrum Product Owner，CSPO）］。

一名实践者曾说，产品负责人可以“成就、摧毁或阻碍”敏捷团队。如果产品负责人没有履行对团队和整个业务的职责，就会以多种方式产生负面的影响。最常见的问题是，团队总是在等待产品负责人的反馈或决定。敏捷团队和项目在为期2～4周的Sprint期间的快节奏，意味着等待产品负责人的输入会减慢团队的速度，并减少在这段时间内承诺的产品交付。

如果产品负责人表现不佳，另一个可能的后果是，团队聚焦在较低优先级或较低业务价值的工作上，而不是对公司具有较高价值的交付成果上。如果产品负责人无法及时出现来支持团队，或者没有对待办事项列表中的工作进行优先级排序，这种情况就很可能发生，结果就是团队将时间花费在低价值的工作上，如修复不重要的缺陷。还有可能发生的情况是，如果一个不合格的产品负责人给团队提供了不正确的优先级，那么将导致团队也不清楚这些交付的成果将如何产生价值。

以上只是其中的两个例子。产品负责人的角色对于成功的敏捷项目执行非常重要。随着越来越多的组织获得了使用敏捷的经验，如果这个角色没有很好地发挥作用，其产生的影响就会越来越明显。

在选定产品负责人时，要确保做到以下几点：

- 他们知识渊博——他们必须真正了解业务的基本情况和必要的成果，以及他们将如何为客户提供价值。
- 他们全力以赴——他们是交付成果的干系人，所以他们会像团队那样全力以赴。
- 他们专属于团队——他们不会因为要处理其他工作而疏远团队，从而无法正确地履行产品负责人的职责。

确保满足这三个关键标准，将有助于组织选择合适的产品负责人，从而能够为高绩效团队和项目做出贡献。

产品负责人的职责

产品负责人要想表现出色，首先要清楚地理解这一关键角色的职责。深入理解产品负责人的职责，可以帮助推动敏捷项目取得成功，并指导团队将价值交付最大化。

项目构思

在项目构思阶段，产品负责人承担着关键的角色，要为项目设定共同的愿景。有些组织更喜欢创建一个文档，名为项目构思文档。

产品负责人将领导这个关键文档的创建，该文档描述了项目愿景，包括项目范围内的内容、项目范围外的内容，以及整个项目的期望。然后，产品负责人与项目团队共享这个项目构思文档，以便他们在制订发布计划时可以参考这个愿景，并能在每个Sprint期间计划工作时与愿景保持一致。产品负责人通过在项目构思时与项目干系人（如产品经理）合作，可以创建一个项目构思文档，为项目设置一个共同的愿景，这对于项目团队在整个项目生命周期中持续保持聚焦是至关重要的。

梳理待办事项列表

产品负责人是产品待办事项列表的负责人，其主要职责是对待办事项列表进行梳理。梳理待办事项列表意味着对待办事项上的条目进行优先级排序，在必要时添加新的条目，删除不再有价值的条目，并不断细化待办事项列表中各个条目的定义。这可以确保敏捷项目团队有一个稳定的、有价值的、排定了优先级顺序的列表，团队可以在整个项目生命周期中，一个Sprint接一个Sprint地持续开展工作。

产品负责人根据与产品经理、客户或其他干系人的联系和沟通，来获得客户的需求，从而向待办事项列表中添加新的条目。产品负责人可以基于从干系人处获得的信息，删除那些不再有价值的特性和待办事项条目。产品负责人评审项目团队的进展，并基于此进展以及对客户优先级的了解，定期调整待办事项条目的顺序和优先级。这确保了团队一直工作在高优先级的条目上，这对客户和整个公司来说都是最有价值的。

Sprint计划和Sprint评审

产品负责人在Sprint中有几个关键的职责。他们协助Sprint计划，确保团队理解整个待办事项列表，从而能够把具有最高业务价值的条目添加到Sprint待办事项列表中。产品负责人还应始终向敏捷团队提供指导，回答团队的问题，并确保团队不会因为缺乏指导，或者等待一个需要解决的重要问题的澄清，因为迟迟得不到回答而受到阻碍。产品负责人通过履行这些关键的职责，可以确保团队完成和发布那些面向客户交付价值的特性，从而为公司快速和准确地交付价值。

在Sprint评审期间，产品负责人也有几个关键职责。敏捷团队一直在努力完成Sprint待办事项列表中的条目，并且很可能已经完成了一些特性和组件。在Sprint评审演示中，产品负责人有责任决定这些条目是否已经符合“完成”定义，并在满足客户和干系人需求的情况下，交付了产品价值或功能的增量。

产品负责人应该出现在敏捷团队所交付的所有演示中。除了看到团队已经完成的工作，并有机会评审、接受或拒绝这些工作，产品负责人也会认识到这是一个向敏捷团队提供建设性反馈和鼓励的关键机会。产品负责人还可以向团队再次重申产品愿景，并告诉团队每个新特性是如何为客户实现价值的。

价值实现

敏捷聚焦于通过定期交付可发布的产品来达到快速的价值实现。

通过几个Sprint的工作累积，一个可发布的产品即将产生。产品负责人应该考虑并最终决定何时发布产品或项目可交付成果的增量，从而向组织及其客户交付产品的价值。

一个称职的产品负责人不仅在发布和Sprint计划期间，而且在整个敏捷项目生命周期，都会考虑向客户交付价值的机会，都会非常认真地承担这一责任。产品负责人与敏捷团队一起工作，以确保在频繁的交付过程中，使已完成的Sprint结果与Sprint和发布计划保持一致，从而为组织和客户提供价值。

产品负责人要处理的关系

在敏捷环境中，产品负责人与客户、敏捷团队、干系人，以及Scrum Master保持密切合作。产品负责人必须发展和维护这些关键的关系，以便有效地发挥作用，履行他们的关键职责。产品负责人需要不断地与这些人员保持联系，从而确保项目工作符合预期和交付价值。如果产品负责人不能与这些人员保持合作，就会对客户关系、内部团队，以及组织产生负面的影响。

产品负责人必须与组织内外的干系人紧密、持续和一致地合作，从而对这些干系人的需求和兴趣保持持续、密切的了解。对于产品负责人来说，这样做是必要的，因为可以根据这些最新的信息来更新待办事项列表、确定优先级顺序，并为敏捷项目团队提供指导。

产品负责人必须与组织中那些对于项目执行有影响力的人建立联

系。实际上，这可能意味着要定期和他们一起喝咖啡或吃午饭，参加他们的会议，倾听他们的讨论和所关心的问题。这也包括自己做一些研究，持续了解客户和组织的需求与兴趣。

这些干系人必须信任产品负责人，知道产品负责人会积极主动地了解客户及其兴趣，也知道产品负责人将利用他们的知识来为整个产品发布和每个Sprint排定工作的优先级，并对团队提供持续的治理工作。

团队、Sprint计划及价值实现

产品负责人利用他们所获得的客户和干系人的信息，可以在执行Sprint计划会议时与敏捷团队维护好关系。产品负责人有责任与Scrum Master和敏捷团队在相互信任的基础上建立良好的工作关系、制定Sprint 待办事项列表、排定优先级，并与团队协商，最终确定每个Sprint的目标和成果。

一旦设立了这些目标，产品负责人就会保护他们的团队，不受那些想要在正在进行的Sprint中添加额外工作的干系人的影响，并确保改变优先级时不会影响Sprint的承诺。产品负责人还要确保在计划和完成Sprint时要遵循发布计划，按照一定的节奏，产生连贯的、有价值的和可发布的产品增量。

产品负责人最重要的职责之一，就是帮助敏捷团队实现Sprint承诺，利用他们对干系人和客户的需求与兴趣的了解，在Sprint期间为敏捷团队提供指导。这种关系在执行Sprint期间非常关键，可以使团队

不必一直等待信息的确认。通过这种关系，产品负责人可以回答团队的问题，即时提出对可交付成果的反馈，与团队分享他们的知识和职责，以便确保产品能够满足用户故事的意图，并依据客户、干系人和组织的期望创造价值。

产品负责人处理关系时要面对的问题

如果产品负责人不能维护好与客户、干系人，以及团队的关系，这将对敏捷项目和团队产生重大的负面影响。如果产品负责人不与干系人接触，不了解最新的开发情况，他们就不能有效地应用这些信息来梳理待办事项列表。消息不灵通或不知情的产品负责人在团队制订工作计划时不能提供有价值的信息，或者提供了不正确的信息，这可能导致团队把精力花在了低价值的特性和故事上。

如果产品负责人不能与敏捷团队建立稳固的关系，就不能为团队提供必要的指导，也不能在Sprint期间保护团队免受额外工作的干扰。因为缺乏这种稳固的关系，反过来又会导致延迟或破坏Sprint甚至整个项目的成果。

产品负责人的表现所产生的影响

产品负责人的表现对敏捷团队的工作及其交付价值的能力，以及组织想要交付的项目和产品的总体结果，将产生重大的影响。合格的产品负责人可以提升团队和组织的交付能力，而不合格的产品负责人会成为团队和组织的障碍。产品负责人应该具有丰富的业务和组织经验，并接受过产品负责人的专项培训，以便掌握在敏捷框架和环境下所应承担的相应职责。

产品负责人的常见失误

根据我的个人经验、与其他实践者的合作，以及我与学员的讨论，产品负责人的四种常见失误会对敏捷团队及项目产生负面的影响：

1. 不能做好待办事项列表的梳理工作。

2. 不能在客户和干系人之间维护良好和一致的关系。

3. 不能给团队及时地提供关键信息、方向和反馈。

4. 不能在发布产品和部署新功能时保持清醒和警觉。

产品负责人的有效行为和无效行为

合格的产品负责人领导和负责待办事项列表的梳理，这意味着敏捷团队有一个稳定的流程，可以将一些格式良好、排定了优先级的条目纳入Sprint计划会议中，从而实现及时和有效的Sprint。如果产品负责人不能有效地发挥其职责，将导致一个无序的待办事项列表。致使敏捷团队无法在进行Sprint计划会议时得到准备好的和格式良好的用户故事，这最终将导致Sprint的延迟启动或者Sprint计划会议非常糟糕。

如果产品负责人可以及时出现，他们能帮助团队向前推进，团队不会因为信息的缺乏而受到阻碍。当产品负责人缺席或难以联系上时，他们会给团队制造障碍，从而影响团队的工作。

与客户和干系人保持良好的关系，产品负责人就会得到最新的消息，从而及时地更新待办事项列表，并在Sprint执行中给出相应的指导；否则，会对待办事项列表和团队产生不好的影响。

当产品负责人在Sprint和发布周期中紧密地跟踪工作进展和完成情况时，他们就可以确定何时适合发布产品或者将成果部署到生产环境中。相比之下，不合格的产品负责人可能错过向组织交付价值的机会。

产品负责人的无效行为将影响敏捷项目

当产品负责人没有正确地梳理待办事项列表时，这意味着项目有可能不会聚焦在最高业务价值的条目上。这也意味着待办事项列表中的条目可能没有进行很好的定义，这反过来又意味着这些工作可能没有在项目中被正确地执行。当产品负责人没有与客户和干系人保持联系时，就不能正确地代表客户和干系人的利益，这就意味着项目不会产生与客户和干系人的需求及利益保持一致的结果。

当产品负责人不在项目团队中时，团队的工作就会受到阻碍，项目也会停滞不前。

请记住，敏捷项目管理的核心目标是快速、一致地交付价值。产品负责人的参与是实现这一目标的关键因素，所以，当产品负责人没有参与时，团队就会错过发布产品或将新特性和功能部署到生产环境中的机会，从而错过快速、一致地向组织交付价值的机会。

总结

产品负责人在敏捷项目管理中是一个关键的角色。敏捷团队依靠这个角色来了解客户与干系人的需求和兴趣，并能够将这些信息转化为待办事项。此外，敏捷团队依靠产品负责人来梳理待办事项列表，不断细化对待办事项的理解，并提取最有价值的待办事项条目，将其纳入Sprint计划之中。

敏捷团队希望产品负责人在Sprint执行期间能够及时地出现，帮助团队确定需要何时完成待办事项条目，并准备好向组织及其客户交付价值。产品负责人有效地履行其职责，对敏捷团队和项目的成功是至关重要的；但是，如果产品负责人执行不利，就会对项目和团队产生非常多的负面影响。

熟悉产品负责人的职责，了解他们应该维护的关键关系，以及其有效行为和无效行为的影响，可以帮助有责任心的产品负责人成功地履行这一角色的职责，并为组织中的敏捷团队和项目做出重要贡献。

在第9章，我们将讨论敏捷教练。我们将看到敏捷教练如何帮助组织识别机会和采取行动，从而提高敏捷团队和团队成员的绩效表现。

尤其是在敏捷和混合环境中，敏捷教练可以为Scrum Master、产品负责人和高层领导者提供极大的帮助。

第9章

敏捷教练

帮助组织改进敏捷采用和使用

如果组织需要组建和发展一个以上的敏捷团队，如果组织刚刚开始进行敏捷转型，如果组织正在尝试实施规模化敏捷，那么敏捷教练会对这些组织有所助益。敏捷教练在敏捷实施中可以承担多种不同的角色。他们从战略和长远的角度出发，执行跨团队和跨项目的工作，帮助组织应用敏捷并从中获得最大的收益。

敏捷教练帮助团队、Scrum Master / 敏捷项目经理、产品负责人、高层领导者，以及其他敏捷环境中的领导者，理解并履行他们的职责。除了帮助团队和项目取得成功，敏捷教练还专注于长期的组织变革，以便组织能够成功地实施所选择的敏捷框架，并看到有形的和可持续的收益。

敏捷教练与一些特定角色的人员一起工作，帮助他们更好地理解其职责，并识别机会来提高其绩效表现。敏捷教练与团队成员一起工作，观察他们的流程和沟通，以便识别和分享团队改进的机会。敏捷教练可以提供及时的培训，通过提供更适用的见解和情景案例来增加培训的维度，帮助新团队有效地接受基础敏捷培训或Scrum培训。

有些组织正在实施规模化敏捷，他们将组建一支敏捷教练团队来支持敏捷的实施。通常，这些教练不仅在一个或多个敏捷框架方面有着丰富的经验和培训知识，而且在一个或多个规模化敏捷的方法方面有着丰富的经验和培训知识，如大规模Scrum（LeSS）、规模化敏捷框架（SAFe）或Scrum@Scale。

我自己执行了许多敏捷教练的工作，有一些是有意而为，也有一些是无意而为。2012年年初，当我加入CloudCraze公司时，我所在的团队是一个刚刚起步的产品开发团队，我们对敏捷和Scrum有了足够的了解，我们知道实施敏捷的风险，但是渴望有效地使用敏捷，我们接受了许多培训，也获得了很多参考资料。我当时担任团队的Scrum Master，我还成了整个组织默认的敏捷教练。后来，当我转型成为一名实施敏捷的组织中的领导者时，我发现自己不仅在指导我们的团队时使用敏捷实践，而且在联合项目中指导客户团队时使用敏捷实践。

作为一名教授和培训师，我在课堂上提供了教练辅导的例子，并指导敏捷实践者探索如何处理在新的、正在走向成熟的敏捷组织中遇到的挑战。作为一名高层领导者，我曾辅导过Scrum Master、项目经理、中层经理和其他高管，帮助他们评估与处理各种环境下的挑战和情况。在做这些工作的过程中，我帮助了很多人，学到了很多东西，最重要的是，我知道还有比我更好、更有经验的实践者，他们的全部关注点都在敏捷教练领域。

在敏捷教练领域，有一些非常优秀的书籍。我的书架上摆着两本书，一本是瑞秋·戴维斯（Rachel Davies）和利兹·塞德利（Liz Sedley）写的《敏捷教练》（*Agile Coaching*），另一本是丽萨·阿金斯写的《教练敏捷团队》（*Coaching Agile Teams*）。通过阅读这些书，我可以在实际经验和亲身经历的基础上获得更深刻的洞察。这些优秀的书籍都是由真正卓越的敏捷教练所编写的，我建议你一定要去阅读。

在这里，我将分享一些自己的实际经验和技巧，介绍一些教练技术，并说明在项目或团队发展的各个阶段中教练是如何发挥作用的。

对新团队实施教练辅导——成功或失败

想象一下，假设你接手了一个新的项目，项目团队成员没有接受过敏捷培训，也没有敏捷经验，有人对你说：“顺便告诉你一下，高层领导者知道你是一个有经验的敏捷实践者和培训师，希望你使用敏捷实践来领导团队和项目。”这是我几年前遇到的情况，当时我在为一家大型医疗保险公司提供咨询服务，这家公司的项目运作经常出问题，他们很想找到一种有效的工作方式。

我向公司提出，需要4周的时间执行“Sprint 0”，以便制定一份待办事项列表，并为团队提供一些基本的敏捷培训，但是，公司只给了我2周时间，而且要求用2～3小时让团队熟悉基本的敏捷概念和术语。我并不同意这种方式，并解释了为什么需要花4周时间来做计划和培训，这种投入对于团队来说是非常有价值的，但是最后我没能说服公司。

对于这种情况，我做了一个比喻，就像一支游泳队很少或从来没有接受过正式的游泳训练。这支游泳队在没有接受过正式的游泳训练的情况下，就开始了他们的第一场游泳比赛。队员们跳进深水区，开始拼命挣扎，唯一的目标就是能游一个单程。一旦游到泳池的另一头，队员们就屏住呼吸，评估再游一个单程需要多少时间，然后游回去。在早期的比赛中，泳姿和技术远不如努力完成一个赛段更加重要，队员们要避免沉下去。

在这样的情况下，当团队执行每个Sprint时，有经验的实践者必须注意到，不仅需要指导团队提高即时的执行力，还需要保持长期的成长来提高成熟度。这就意味着，资深的实践者必须将组织实施敏捷框架的熟练度和成熟度，与整体的项目交付保持一致。对于团队中那些有兴趣并有能力担任Scrum Master和产品负责人角色的成员，要提醒他们注意保持这种一致性，这一点非常重要。

回到游泳这一比喻上，教练不仅要考虑立即提高队员们的基本技术，以帮助团队完成当前的比赛，而且要帮助团队建立愿景，使队员们在掌握了基本技术并致力于提高速度和效率时可以有更长远的追求。回到我们的敏捷项目和团队，教练采取了以下一些实践方式：

- 用户故事——教授团队使用一种通用的格式，并不断强化使用用户故事的目的。

- 完成定义——强制执行严格的“完成”定义，确保团队在每个Sprint中都能实现价值交付，并避免技术债务。
- 使用相对规模来改进估算——鼓励团队评审和改进他们对用户故事和速度的评估，从而为每个Sprint创建更可靠的估算。
- 承诺和责任——创建并强化团队做出贡献的期望，即团队对每个Sprint做出现实的承诺，然后让团队成员对交付的结果负责。
- 高效会议——通过实施教练，使每日站会、待办事项列表梳理，以及Sprint计划会议变得越来越有效率和有效果。
- 障碍——通过实施教练，使团队快速识别机会并采取行动，清除或克服Sprint过程中的障碍。
- 坦率和透明的度量指标与回顾——在Sprint评审会议期间，引导并期待透明度、责任感，以及尊重的反馈，以便团队在一个安全和要求严格的环境中专注于持续改进。

敏捷教练始终朝向充满期望的未来状态，通过执行合理的过程逐渐达到一定的成熟度，从而帮助团队持续交付价值和持续改进。经验丰富的敏捷教练和团队成员通过提供经过深思熟虑和方向性的指导，将帮助新手顺利度过震荡阶段，并迅速学会如何根据自己的能力和风格来开展工作。

第一个发布和Sprint计划的场景

我曾经为一个组织做过敏捷培训，后来这个组织请我去辅导一个敏捷项目团队。他们有一个热情的Scrum Master、一个专门的项目团队，以及一个高度参与的产品负责人——这是很好的基础。他们尝试计划第一个版本的发布和较早的几个Sprint，并且寻求教练的辅导和帮助。

首先，我找到了团队的Scrum Master，确保其在制订发布计划时准备好以下基础要素：

- 愿景——需要构建什么及如何构建，才能为客户和组织提供价值。
- 一位产品负责人——拥有知识和热情，对愿景负责，并提供信息和方向，以确保团队在工作的过程中牢记愿景和价值。
- 一个团队——一个专门负责交付项目的跨职能团队。
- 一份待办事项列表——与产品负责人一起创建一份期望实现的功能列表，能够提供符合客户预期的价值。
- 梳理待办事项列表，生成用户故事——团队和主题专家利用培训，将期望实现的功能列表转化为用户故事。
- 排定优先级——团队与产品负责人合作，确定待办事项列表和用户故事的优先级。
- 确定Sprint的长度——团队决定Sprint的长度：不超过4周。

- 粗略估算要执行多少个Sprint——团队和组织做一个粗略的估算（需要持续梳理细化），确定可能需要多少个Sprint，或者确定在发布中需要做多大的投入，以实现期望的结果和价值。

接下来，组织将开展多次敏捷培训，这对于那些以前没有接触过敏捷的职能经理来说，需要投入很大的精力，但是这种投入很有必要也很关键，其目的是让使用敏捷交付的第一个发布能够为组织提供价值。第一个Sprint为团队的成功奠定了基础，而第一个发布将为成功的敏捷转型，以及在未来的项目中使用敏捷设定了基调。

完成了这些基础工作后，我再次回到团队与所有人见面，包括产品负责人和职能经理。我们通过七个步骤，来创建第一个发布计划。

- 步骤1——对待办事项列表中的用户故事排定优先级，遵循MoSCoW——必须有（Must Have）、应该有（Should Have）、可能有（Could Have）、希望有 / 本次发布中没有（Wish/Won't Have）原则。
- 步骤2——使用“T恤型号”，对用户故事的大小进行估算，让估算这件事情保持简单：可以使用从XS 到 XL的序列。
- 步骤3——根据团队的直觉和对项目的初步理解，将用户故事放到一系列的Sprint中。
- 步骤4——将基于“T恤型号”的估算进一步细化为数字（1、2、3、5、7、9、11、15、21或类似的数字序列），然后更新用户故事的大小，将“T恤型号”估算值替换为数字估算值。

- 步骤5——估算初始速度。团队认为他们在第一个Sprint中可以完成多少个故事点？这是对新团队速度的大致猜测，在早期的几个Sprint内可能有波动。
- 步骤6——对于Sprint 1，确定每个用户故事所需的任务，并以小时为单位对任务进行估算。
- 步骤7——为Sprint 1制订一个可靠的计划，为Sprint 2制订一个粗略的计划，团队将根据执行Sprint 1所获得的经验，对Sprint 2的计划进行更新。

团队需要与一位经验丰富的敏捷教练（在本章的案例中，我担任敏捷教练）协作执行以上七个步骤，从而顺利完成他们的第一个发布计划和Sprint计划会议，并得到初始的发布计划和可靠的Sprint 1的计划。同时，对团队而言，这也是一个良好的开端——成功的Sprint可以为组织交付价值，并为团队和敏捷实践的最初使用赢得了良好的口碑。

在Sprint执行中实施教练辅导

对团队的每日站会和日常工作实施教练辅导，就像对一支运动队实施教练辅导。教练的机会是在比赛的间隙出现的，而且必须在不影响比赛进程的情况下实施教练辅导。在大多数情况下，教练可能有机会把一名队员叫到场边，给出一些指导，然后让队员回到比赛之中。在极少数情况下，教练可能要求暂停比赛来解决一个特定的问题，或者如果团队偏离了比赛计划，教练就会重新调整队伍。

敏捷所提倡的团队协作和承诺，可能让新团队从中受益。我遇到的一个问题是，团队和个人倾向于专注个人任务分配，而不是将工作视为整个团队共同的责任。在敏捷中，区分“我的任务和你的任务”是一种错误的思维方式。如果没有正确的教练辅导，团队往往会习惯于接受任务分配，然后只聚焦于“他们自己的”任务上，团队也将不再使用敏捷的工作方式。

现在，值得注意的是，有些组织已经放弃了对员工个人激励的方式（如个人奖金和其他基于绩效的可变薪酬），而转变成以团队为中心的激励方式。因为敏捷提倡的是团队的责任和承诺，因此在设定激励方式时，需要让团队成员考虑“我们的工作”，而不是“我的工作”。

在Sprint评审中实施教练辅导

Sprint评审是对敏捷团队进行观察和实施教练辅导的绝佳机会。教练看到从Sprint中产生的工作成果，听到产品负责人和其他干系人给出的反馈，并看到和听到团队对项目进展的评估。在一场比赛之后，教练对团队的表现进行评估，并与关键团队成员一起识别需要在下一场比赛中加以关注的事项，与之相似，敏捷教练与Scrum Master / 敏捷项目经理和产品负责人，一起识别在下一个Sprint中需要改进的具体事项。请记住，这就是PDCA循环。

Sprint评审也是一个很好的机会，可以帮助Scrum Master / 敏捷项目经理通过每日站会解决一些常见的问题。敏捷教练可以帮助团队解决以下问题：

- 有些团队成员在参加每日站会时，一直在说“我在修复缺陷，我没有遇到什么障碍”。
- 在最后的三次每日站会中，一个团队成员给出的更新表明，他们遇到了某种障碍，但是他们以前并没有提出来，也没有寻求帮助。
- 团队只是在做例行的状态更新，但是没有涉及需要协作来解决的问题或障碍，也没有对Sprint做出承诺。

在发布中实施教练辅导

如果说在Sprint评审中对团队实施教练辅导，就像在每场比赛结束时实施教练辅导；那么，在发布时实施教练辅导，就像在赛季结束时实施教练辅导。发布回顾和发布计划为团队提供了一个机会，有助于评估团队在一个较长时间段内的绩效表现。

对于Sprint回顾和团队在整个发布周期中所做的任何增量的改进措施进行评审，将有助于构建团队开展学习、进展、改进的宏观视图。这也将揭示团队可能已识别但未能解决或超出团队解决能力的障碍。

在发布的间隙，敏捷教练还可以推荐和帮助提供一些特定的培训，这些培训有助于团队和整个组织改进与提高敏捷的采用及实施。2016年，我在CloudCraze公司工作时，为研发组织增加了一名经验丰富的敏捷教练和Scrum Master。随后，在完成了一次发布并要开始下一次发布时，我们评估了在发布中每个Sprint回顾的结果，以及在整个流程中需要做出的改进，并根据需要安排了特定的培训课程。

总结

这些例子向你展示了敏捷教练如何在不同的场景下与团队合作，以帮助团队提高效率。敏捷教练帮助团队和组织改进敏捷的使用，提高从实践和项目交付中所获得的价值。

第10章将进入本书的第3部分：敏捷的高级主题。第10章将讨论设计思维。设计思维是一种产品开发方法，可以帮助实践者真正了解客户和他们试图解决的问题。设计思维要求理解客户的观点，并在决定开发什么产品之前使用快速原型来获得反馈。使用敏捷的设计思维，可以帮助项目团队和组织与客户紧密合作，并快速决定最佳的产品方案，然后用敏捷的方式进行构建。

第3部分

敏捷的高级主题

第10章

敏捷与设计思维

二者在理念与应用上是相通的

多年以来，我一直讨厌“快速失败”这个词。对我来说，它给人以一种粗心大意的感觉，它提醒我们“.com”所经历过的繁荣与萧条。当时，许多早期的“.com”公司确实很快就失败了，因为它们既不重视也不关注基本的商业法则。随着对敏捷和设计思维的了解越来越多，我开始逐渐转变了对“快速失败”的理解，它意味着构建工作原型，以获得早期的客户反馈，同时尽早尝试具有技术挑战性的工作，所有这些都是为了从早期的“失败”中获得经验。

但是，我仍然认为将这些早期原型称为“失败”是不准确的。实际上，这些早期原型不是“失败”的原型，而是迭代的原型，这有助于将早期的客户需求和愿望转化为可以与客户互动的工作模型。对我来说，这种迭代的过程更像一系列的成功，而不是快速失败——但是，设计思维和相关的术语不是我最初提出的，所以，我们还是姑且沿用“快速失败”的说法。我将讨论如何把敏捷和设计思维作为互补的方法，用于创建和交付解决方案，除此之外，我还将分享两个实际的案例，用于展示设计思维和敏捷如何帮助我所领导的团队和组织交付创新的、以客户为中心的技术产品。

在开始编写本章时，除了描述自己的经历，我还查阅了一些优秀的资料，包括蒂姆·布朗（Tim Brown）在《哈佛商业评论》发表的一篇文章和他在TED做的演讲（2008）、盖伊·川崎（Guy Kawasaki）在TEDx Berkeley发表的演讲（“创新的艺术”，2014）、尼尔森·诺曼集团（Neilsen Norman Group）录制的视频和发表的文章，以及斯坦福大学的威廉·伯内特（William Burnett）在YouTube上关于设计思维的视频（2016）。这些资料提供了关于设计思维的起源的相关信息，也加深了我对设计思维及其与敏捷实践关系的理解。

什么是设计思维

设计思维是一种以用户为中心的方法，用来开发满足客户需求的解决方案。将设计思维与敏捷实践结合使用，可以帮助组织识别客户需求，并通过对原型的快速迭代，最终使组织能够设计和创建为客户提供价值的解决方案。设计思维和敏捷都运用了一些基本的概念和思维模式，在某些情况下，这些概念和思维模式对组织来说都是全新的、不同的、具有挑战性的。

通常，设计思维被认为是由罗特曼学院（Rotman School）的罗杰·马丁（Roger Martin）、IDEO的创始人大卫·凯利（David Kelley）及IDEO的首席执行官蒂姆·布朗在20世纪90年代提出的，他们对设计思维的命名、演变和发展都有着重要的影响。在设计思维中使用的方法可以追溯到更早的时期（这些方法与敏捷和Scrum的基础方法很类似），后来，就像敏捷和Scrum一样，在最近的几十年（20世纪90年代）设计思维才逐渐成为一种流行的方法，这离不开罗杰、大卫、蒂姆，以及其他杰出的理论学家和实践者的共同努力（Gibbons，2016）。

设计思维引导实践者通过一些具体的步骤，来最终形成一个可测试的原型，如果客户对这个原型满意，那么组织就开始进行后续的实施工作。设计思维很好地支持了敏捷，同时，敏捷也支持设计思维的快速原型。设计思维与敏捷之间有很多相似之处，这些相似之处允许已经使用敏捷方法的组织在不改变现有流程的情况下，将设计思维的流程融入进来。

相通的理念——设计思维与敏捷

设计思维与敏捷实践有几个共同点。以客户为中心的方法和快速迭代原型的使用，期望通过获得客户的反馈，引导团队走向最好的结果，这是设计思维与敏捷共同的追求。设计思维与敏捷都以人的体验为中心，并要求我们理解客户所处的环境，以便充分理解我们所面临的问题和机会，从而设计出满足期望的新产品和服务。

设计思维与敏捷都需要来自产品开发团队之外的信息输入。在大多数情况下，这是通过与客户的密切交互来实现的。对于设计思维，这可能是用户研究、业务需求和技术可能性。对于软件开发，这可能是待办事项列表、用户故事和成功的度量指标（Cooper-Wright，2016）。设计思维与敏捷都利用迭代和持续梳理需求的方法，都使用共情和授权这两个关键的概念，既能使团队与客户产生共情，又能使团队获得授权将这种体验带入工作中。

聚焦用户设计

设计思维与敏捷都使用以用户为中心的设计。敏捷中“用户故事”的概念聚焦为客户或用户带来有价值的成果，所以，敏捷是支持聚焦用户设计这一理念的。设计思维也提倡这个理念，因为设计思维要求团队将自己置于客户的“世界”中，并基于同理心构建一些理论，用于感知客户想要获得什么。稍后我将分享两个例子，我们将看到如何通过客户的体验来观察世界，这将有助于产品和解决方案的设计与开发。

解决问题

用设计思维与敏捷解决问题不同于许多其他的流程。我认为最大的不同是，这两种方法在一开始的时候都不会假设用户研究和所收集的数据就是正确的。而其他的产品和软件开发方法往往会事先就做出假设，并收集大量的定量数据和锁定需求的细节。与之相反，设计思维与敏捷方法认为，应该在流程开始的时候，通过与客户的共情和体验来获得定性的数据。

跨职能团队

敏捷与设计思维依赖掌握多个学科领域的跨职能团队才能获得成功。这两种方法都提倡跨多个学科领域，如创意、工程或技术、用户体验、测试、内容，这些领域都应该是一个有凝聚力的团队的一部分，而不是在需要的时候从团队外部获得特定的信息或专业知识。建立多学科的跨职能团队，说起来容易做起来难，因为在具体的执行环境中可能会出现一些挑战。

重要的是，所有的团队成员都要尊重彼此的专业，并意识到为了能够获得成功的结果，需要在自己专业以外的领域投入很多工作，这一点至关重要。

快速原型与客户反馈

敏捷与设计思维都基于同一个理念——在客户面前展示可工作的原型，然后对他们的反馈做出回应。在敏捷中，敏捷团队在每个Sprint结束时，通过执行Sprint评审和演示，来践行这一理念。在设计思维中，这一理念被用于构建快速和廉价的原型。原型可以是软件用户界面的线框图、可以点击进入的演示页面，或者廉价可工作的产品模型。无论表现形式如何，这些快速原型都允许客户与原型之间进行交互，并通过执行快速和廉价的变更流程为客户提供反馈。当客户与原型之间进行交互时，团队可以提供能够立即整合到下一个原型中的想法，并进行测试或体验，以便了解这些原型的实际工作效果，以及客户的感受。

重新审视快速失败

早些时候，我曾抱怨“快速失败”这种说法。正如我在前文中所指出的那样，“快速失败” 听起来就像“因漫不经心地工作导致失败”，但是，当我真正理解了它在设计思维与敏捷背景下的含义时，我发现，这种理解是不对的。

在设计思维与敏捷中，“快速失败”意味着使用快速原型，快速找出什么是可行的，什么是不可行的——无论是从客户的角度还是从技术的角度。虽然那些早期原型无法满足客户的需求，但是它们仍然可以通过客户的响应和反馈提供有价值的信息。同样，这种方式也适合技术实验，团队可以通过实验获知哪些是不可行的，以便通过执行迭代逐渐获得有效的结果。

反过来，这也有助于在开发后续的原型时，可以越来越接近真正有效的结果。通过这种方式，可以构建快速创建原型的节奏和从每次“失败”中学习的流程，让团队从本质上快速地、迭代地“失败”，最终获得满足客户需求的成功结果，从而开发成功的产品。

一致——设计思维与敏捷

设计思维的流程与敏捷的流程并不是完全一致的。然而，这些流程可以强有力地支持敏捷项目，帮助提供支持敏捷项目运行并与之保持一致的基本元素。设计思维使用的流程可以在各个阶段帮助敏捷团队创建新的解决方案并进行更新，以满足客户的需求，并帮助解决特定的问题。这些流程帮助敏捷团队为项目取得成功奠定坚实的基础，通过创新的产品和解决方案来满足客户的需求，从而交付价值。

设计思维阶段

通常，设计思维阶段包括共情、定义、构思、原型及测试。组织可以将自己的实现方式融合到这些阶段之中。敏捷项目可以根据在项目生命周期中所处的位置，与这些设计思维的阶段保持一致。假设敏捷项目处于概念形成时期，那么就可以应用设计思维的阶段，为敏捷项目提供所需的输入和输出，从而推动项目向前发展。

通过设计思维的共情和定义阶段，可以产生对于问题陈述的定义，这与敏捷实践中创建愿景声明是一致的，而愿景声明又是敏捷项目概念形成过程的一个重要部分。设计思维的构思阶段可以产生用户故事；而在原型阶段，则可以结合一系列遵循时间盒要求的敏捷Sprint，并在最后执行演示，然后将原型交到客户手中进行测试。

设计思维活动

共情阶段的活动，不仅要理解客户所提出的零散需求，而且要充分了解客户所处的环境，以及如何满足他们的需求。通过直接观察客户和他们所处的环境，运用设计思维和敏捷方法，团队可以获得数据，不仅可以与客户共情，还可以启动创建特性和用户故事的流程，这有助于创建敏捷项目的产品待办事项列表。

有些组织（接下来，我们将讨论关于这种组织的两个例子）和它们的客户一起进入该领域，以便获得相关的经验。构思阶段可以进一步扩展这项工作，团队针对他们在共情阶段所发现的问题，构思如何解决问题的想法。或许，在组织中并没有将这些活动称为“构思”，但是，他们后续会执行一些实地考察的活动，因为团队成员会讨论他们通过观察所获得的信息，并开始就如何解决他们所看到的问题，以及所理解的客户需求，提出自己的想法。

设计思维的阶段是按顺序执行的。这个顺序在某种程度上与敏捷生命周期是一致的，并有助于为成功的敏捷项目奠定基础。共情阶段，进行直接观察和收集定量数据，确保项目团队在创建用户故事之前充分理解客户的环境及他们的需求。定义阶段，确保清晰地定义客户的问题或需求，并使敏捷团队能够为项目创建一个所有成员都能理解的愿景声明。构思阶段，为敏捷团队提供了机会，用于考虑各种可能的解决方案，然后进入快速构建原型的阶段。

成果

在敏捷项目环境中应用设计思维可以为组织提供许多关键的成果——正如前文所提到的——创建了坚实的基础，有助于项目取得成功。与客户共情，有助于敏捷团队真正理解客户的需求，并确保团队在设计、创建和测试解决方案时牢记客户的环境与习惯。

清晰地定义问题，对于敏捷项目来说是一个重要的成果和输入，因为它可以创建项目初始阶段所需要的愿景声明。构思阶段影响解决问题的可能选项，并交付可以快速原型化的愿景。构思不仅有助于定义可能的原型，而且能够使敏捷团队创建开发这些原型所需的用户故事。在测试阶段，团队可以与客户验证解决方案，并最终确定敏捷团队是否通过每个Sprint的工作向客户交付了有价值的成果。

实例——设计思维与敏捷

2005—2012年，我在威斯康星州麦迪逊市一家名为Promega的生物技术公司工作。在这家公司，我第一次有意无意地将设计思维与敏捷的实践结合起来。2012年，我加入了一家咨询公司，该公司旗下有一家名为CloudCraze的电子商务软件初创公司，2018年CloudCraze公司成为Salesforce公司的一部分。我在CloudCraze公司工作期间，继续学习和使用设计思维与敏捷，来开发和交付我们的电子商务软件产品。以下是两个实例，展示了如何将设计思维与敏捷结合起来，用于开发和交付软件产品。

Promega和STR规范化管理系统

你是否看过有关犯罪现场调查的电视剧？犯罪现场调查人员把DNA样本送到检验实验室，在几小时后，就能在一个3D触摸屏上显示出谁是犯罪嫌疑人，以及他们所处的位置。实际上，目前还做不到这种分析程度。在全国各地的检验实验室里，还保存着大量未经处理的DNA样本，因为样本检验是费时费力的工作，所以，可以考虑通过实验室自动化、机器人及软件，在一定程度上加快DNA分析的速度。

Promega公司试图通过DNA样本的规范化管理来改善这一流程。DNA样本的质量不同，信号的强度也不同。当使用实验室自动化时，对这个信号进行规范化处理，这对于获得准确和一致的结果是至关重要的。Promega公司研发中心的科学家和生物信息学研究人员，构思了一个DNA规范化软件工具的原型，并希望将其推向市场。我和同事们参与了这项工作。公司的首席执行官要求IT部门的负责人派出一个团队，与产品管理和研发部门合作，基于原型开发出一个商业级的软件产品。

Promega公司的客户是检验实验室的科学家。Promega公司围绕这个项目建立了产品管理团队，并邀请了检验实验室的前任经理加入团队。这使得我们的团队能够使用以用户为中心的设计，来开发实验室自动化软件，从而帮助科学家更有效地处理DNA样本。产品管理团队给出了一些想法，描述了在未来的产品中客户可能的需求，团队根据这些想法创建用户故事和产品待办事项列表。产品管理团队并没有采用调查和焦点小组，而是直接从客户的角度进行研究。团队中的科学家也通过对最初的原型和后续的迭代原型进行使用和测试，提供以客户为中心的输入信息。

我们的团队成员包括：2名检验实验室的前任经理（作为产品经理）、2名科学家、1名信息开发人员、1名用户体验设计师、2名软件开发人员，以及1名项目经理。这个多学科的跨职能团队对客户的问题进行了共情和定义，然后构思出解决方案。团队使用快速原型的方法，创建了软件原型，该软件可以将来自各种不同DNA样本的信号进行规范化，并创建针对特定实验室自动化设备的优化文件。团队向检验实验室的客户和内部科学家进行演示，以获得反馈。来自外部和内部客户的反馈，能够使团队通过增强内部测试功能和提升用户界面体验来快速创建原型。

我们很快就进入了快速原型开发的节奏，每周都会提供一个软件的最新版本，展示给内部和外部客户。内部客户立即进行测试，并根据这些新特性或修改后的功能给出反馈，而产品经理——曾经在检验实验室工作过的人员——将向客户提供软件的最新版本，并征求客户的反馈，以便将这些版本整合到产品之中。当项目按照计划执行到项目总时间的一半时，这个原型已经足够稳定了，并安装在国家执法机构的检验实验室里，进行了为期一周的现场测试。最终，我们完成了该软件的1.0版本，并及时地在一个重要的行业展会上进行了发布。

CloudCraze和可口可乐

一些早期采用CloudCraze公司B2B电子商务系统的公司，包括可口可乐装瓶集团在美国、德国和比利时的一些分公司，其中，比利时公司是集团第一个在比利时和荷兰装瓶和销售可口可乐产品的公司。为了更好地了解当地市场上的一些小商店和分销商是如何向这家可口可乐装瓶公司下订单的，并在此基础上考虑如何设计一个适合它们的电子商务系统，可口可乐装瓶集团和CloudCraze公司组建了一个团队，花了几天时间实地观察客户是如何工作的，以及它们在下订单和再次下订单时都会遇到些什么问题。

CloudCraze公司的开发团队包括：1名在B2B方面有着丰富经验的产品经理，1名在前端和后端开发方面都有经验的软件架构师，1名有丰富的前端经验和用户体验经验的开发人员，以及1名项目经理。我们从客户那里了解到，它们需要能够在平板电脑或智能手机上发起产品库存补充订单的申请，同时拿着这些移动设备走到仓库或商店的货架前进行查看，随后他们还会在自己的台式电脑上下订单。我们利用这种以客户为中心的视角和敏捷实践定义了问题，并考虑了如何调整我们的软件和现有的用户体验，以满足这些客户的需求。

首先，我们根据几种不同的方案，迭代开发了几个用户界面的原型（台式电脑桌面和移动端页面的线框图，并模拟点击进入页面后的展示），其次，我们收集客户的反馈，决定使用哪种设计方案。我们为可口可乐装瓶集团启动了完整的软件实施项目，并使用为期2周的敏捷Sprint节奏。在每个Sprint中，我们都能够针对使用台式电脑桌面和移动端页面下订单的用户体验，同时结合客户的反馈，迭代开发出最新的版本，直到我们最终开发出一个可以在实际客户中进行测试的版本。这个现场测试提供了更多额外的反馈，我们在产品最终上线之前也考虑了这些反馈。

希望这两个举例有助于说明设计思维和敏捷之间的相似之处，以及共同的价值理念。来自Promega公司和CloudCraze公司的实例，展示了如何将设计思维与敏捷实践结合在一起，创造出成功的产品，通过创新的解决方案解决客户的实际问题。

总结

对于敏捷项目管理和产品开发来说，设计思维方法提供了非常有益的支持和补充。对于敏捷项目管理和产品开发来说，这种混合方法融合了设计思维和敏捷的元素，可以让人们和组织了解并关注客户的需求，通过快速原型来执行迭代设计和开发流程。虽然有时被称为“快速失败”，但这种方法实际上意味着“让客户对某些呈现的结果做出反应，并提供反馈”。

第11章将讨论高层领导者在敏捷环境中所扮演的独特角色，以及这些领导者是如何通过自己的理念和行为对方法论的成功实施产生重大影响的；另外，还将讨论团队的士气和绩效，以及用于创建和交付成果的项目与产品。

第11章

敏捷的高层领导者

引领走向成功

我在写本书时，也正在攻读领导力博士学位，并在一所技术学院担任首席信息官。因此，我思考了很多关于领导力的问题，以及高层领导者如何影响一个组织实施敏捷。本书的许多地方都提到了各种各样实施策略方面的挑战，除此之外，导致敏捷实施失败的最重要的原因源自高层领导者。敏捷实施失败的原因很可能是，在团队和组织尝试或改进敏捷时，领导者未能提供恰当的支持。或者，失败的另一个原因是，领导者未能根据组织的情况来决定工作的优先顺序（与具体实施哪种方法论无关），所以，也就无法让组织更加有效地进行项目交付，也无法让组织从中获得最大的收益。

在组织中，高层领导者在敏捷实践的采用和实施中扮演着至关重要的角色。正如任何变革一样，领导者持久且明确的支持是组织尝试引入和使用敏捷框架，从而交付项目和其他工作的最关键的成功因素之一。因此，对于领导者来说，至关重要的是，他们不仅要理解采用敏捷的必要性，而且要考虑到领导者所做的决策具有重要的影响力。实施敏捷依赖于快速决策，从而能够快速、持续地向组织交付价值。

高层领导者必须认识到，他们对敏捷的理解将影响他们做出的决策，他们的决策和领导力将影响组织成功采用敏捷方法的能力。作为一名敏捷的高层领导者，必须了解敏捷实践如何与组织文化和架构相适应，以及如何与组织中使用的其他项目管理方法相适应。高层领导者要认识到对敏捷的误解、快速决策的需要、有效的治理、组织障碍的消除，以及高层领导者的仆人式领导力。这将有助于高层领导者在敏捷环境中有效地发挥作用，从而确保组织最大限度地从敏捷中获得收益。

领导者对敏捷的误解

高层领导者对敏捷的了解，常常只限于实施敏捷可能带来一些好处，而不了解如何做才能真正实现这些好处。当对敏捷方法和实践只有肤浅的了解时，高层领导者就会对敏捷产生一些误解。最常见的误解是，敏捷等同于“更快”，只要在项目中使用敏捷方法，或者将敏捷应用到项目管理中，敏捷就能自动地发挥作用，使项目更快地完成。

其他的一些误解包括：认为敏捷项目管理减少了保证项目成功所需的制订计划的工作；认为敏捷项目管理减少了文档工作和度量工作，所以能进行得更快；认为与传统的项目管理方法相比，敏捷项目管理没有那么严格。

认识到这些常见的误解，将有助于精明的高层领导者在制定决策时避免误解带来的影响，同时也会及时地纠正错误的决策。例如，有一种误解是，认为敏捷团队制订的初始发布计划将是整个项目期间所遵循的计划，而没有认识到在每个Sprint中都可能对这个计划做出调整。

领导者对敏捷的误用

我曾见过一些只具备基本敏捷方法和实践知识的高层领导者，他们对敏捷实践做出了一些假设，并且错误地实施敏捷。当这种情况发生时，敏捷的好处可能就无法实现了，组织实施敏捷所获的收益将减少，甚者导致组织实施敏捷的失败。高层领导者认为使用敏捷意味着项目会更快地完成，或者所需的计划和流程会更少，这些都是常见的错误观点。高层领导者对于敏捷中使用的一些度量指标可能缺乏了解，从而对组织中成功地开展项目和实施敏捷造成了损害。

我在为一家健康保险公司做咨询时，参加了一个高层的项目管理会议，听到首席信息官为一个项目提出了一种敏捷方法，希望能够自动地缩短项目的整体实施时间。我知道首席信息官对敏捷实践的理解是非常初级的，而且在这个项目中采用敏捷并不是最佳的方法。当然，我也知道，这个会议并不是揭穿首席信息官对敏捷实践肤浅了解的场合。所以，在会议结束后，我找到了项目管理办公室的负责人

（他也参加了会议），我跟他商量并提议，去找首席信息官进行一次谈话。项目管理办公室的负责人去找了首席信息官，向他解释了从项目的整体持续时间来看，敏捷并不等同于“更快”。

以下是常见的领导者对敏捷的误用，都是我亲眼看见和亲身经历过的：

- 一个副总裁将一个进度落后的项目中的工作，添加到了另一个敏捷项目和团队的待办事项列表中，希望这样可以将落后的工作快速完成。
- 业务和IT部门的领导者强迫团队在一个“团队会议室”中办公，希望这种强制的协作能够“激励”团队更快地完成工作。
- 我在CloudCraze公司曾经实施过一个项目，客户的一个高级总监要求项目团队每天再增加一次“第二每日站会”，以评审和报告缺陷的状态。这导致了团队真正修复缺陷的时间减少（在这个问题上，首席架构师几乎哭着打电话给我，让我说服客户不要这么做——我做到了）。
- 我早期在CloudCraze公司与一位产品管理副总裁一起工作，他并不知道需要维护待办事项列表中工作的优先级，这导致了无效的Sprint计划会议、Sprint延迟启动，以及Sprint计划不足。
- 最常见的情况——将资源分散到多个项目中，试图在这些项目上都能获得增量式进展。

当高层领导者相信或假设“敏捷意味着更快”时，或者当他们认为使用敏捷实践可以快速解决项目交付过程中长期存在的系统化问题时，这通常都会导致无效或失败的敏捷项目和实践。精明的高层领导者会寻求关于敏捷方法的相关培训，以避免误解或误用。培训可以帮助高层领导者避免常见的错误和领导力失败，从而避免由于错误和失败对组织带来的短期与长期影响，导致组织无法从采用敏捷方法和实践中获得投资回报。

高层领导者如何影响敏捷的收益

在使用敏捷实践的组织中，高层领导者必须了解他们的领导力和决策如何影响敏捷实施的结果。精明的高层领导者会意识到，及时的决策能够确保敏捷项目和团队在其授权范围内保持高速度的输出和高质量的交付。高层领导者可以帮助组织最大化地获得实施敏捷的收益，如果他们不能认识到这一点，那么组织就会处于风险之中，组织中的敏捷团队和项目就可能失去敏捷实践的潜在收益。

当一个组织完整地实施和使用敏捷实践时，这个组织、组织中的项目和员工就会获得敏捷实施的全部收益。正如前文所提到的——对于任何变革或流程改进，最关键的成功因素是高层领导者的支持。

对于高层领导者来说，认识到他们的决策如何帮助组织聚焦于为客户提供最高价值的项目，这也是非常关键的。反过来，高层领导者还必须让他们的产品负责人、Scrum Master，以及项目团队成员对价值创造负责，同时高层领导者自己也需要提供及时的指导和治理。

在敏捷环境中，高层领导者有不同类型的责任。他们以身作则，让自己和其他领导者担负起帮助团队实施敏捷的责任。作为高层领导者，他们每天都会处理各种各样的事务，但是他们可以与敏捷团队一起进行每日站会，了解团队的进展和提供支持，从而做出必要的决策，然后快速地将这些决策传达给团队。

不要制造障碍——消除它们

在敏捷环境中，领导者通过清除障碍来为组织提供服务，但是他们有时也会制造障碍。要避免高层领导者给敏捷团队制造障碍，这一点至关重要。与此同时，领导者要清除障碍，这也很关键。杰夫·萨瑟兰曾经说过："Scrum要真正腾飞，高层领导者需要从骨子里明白，制造障碍几乎就是犯罪。消除浪费的效果是显著的，但人们往往不这么做，因为这需要对自己和他人诚实。"

我曾在前文中提到，客户的一个高级总监要求团队召开"第二每日站会"以聚焦缺陷状态，结果给团队制造了一个严重的障碍。此外，高层领导者经常会制造的另一个障碍是，他们坚持参加团队的每日站会。即使他们保持沉默，但他们的出现仍然会给团队带来障碍。由于高层领导者的影响，导致团队成员无法进行坦诚的沟通，这种情况所带来的影响不可低估。

在敏捷环境中，高层领导者最重要的贡献之一是清除团队无法清除的障碍，因为有些障碍需要领导者的授权才能清除。这些障碍可能包括批准预算，或者需要由高层领导者发起和批准的组织变革。例如，在CloudCraze公司，随着整个产品的广度和复杂性的逐渐扩大，由于缺乏自动化测试工具，组织无法快速和全面地进行软件测试，从而限制了团队在Sprint和发布中的能力，这一点变得越来越明显。

测试经理经常提醒我要注意这一点，所以我也对新任的领导者施加了一些压力，要求他们批准一些资金投入，用于购买测试工具。我还记得，这件事情的转折点出现在我说了一句脏话来形容我们缺乏自动化测试——“见鬼的窘境”。其实，我很少说脏话（至少在正式的场合中），但是，这有助于传达情况的严重性和尽快补救的紧迫性。

我曾经和敏捷教练与Scrum Master一起清除了另一个障碍——我们决定将一个大型开发团队拆分成两个较小的团队。随着时间的推移，团队逐渐变大，以至于Sprint计划会议和每日站会（通过电话会议进行）变得效率低下。但是，团队并不想进行任何改变。然而，我和敏捷教练与Scrum Master都知道正确的做法就是拆分团队。我需要做出这个艰难的决定，并对这个决定负责。

敏捷领导者采取行动，并对彼此和他们的团队负责，敏捷领导者及时地进行决策来帮助团队实现敏捷的好处，这时，整个组织因为实施敏捷而取得的收益就会最大化。高层领导者必须认识到，他们制造的障碍将影响敏捷团队和项目的执行，他们必须学习如何避免这种情况。高层领导者应该清除组织中的障碍，让团队更有效地工作，最大限度地创造价值。

严格的优先级

在整个职业生涯中我最终选择了站在讲台上，这就是项目管理中排定优先级的重要性。我曾经见过一些受人尊敬和成功的组织在项目交付中挣扎，因为它们没有做排定优先级这件困难的事情。如果所有的事情都是最高优先级的，那么就没有最高优先级的事情了。高层领导者的一个关键职责就是严格确定优先级顺序，确定组织中最高优先级的项目。

在项目执行中存在四种常见的情况，如果没有严格确定优先级顺序，将产生障碍。虽然在使用任何项目管理方法时都可能会出现这些场景，但当组织使用敏捷实践时，这些障碍产生的影响将更大。

妥协——出现妥协的情况，往往源于一种担心，因为考虑了更高优先级的项目，而放慢了其他一些也很“重要”项目的速度，这样就会迫使领导者做出糟糕的妥协。如果没有做出艰难的决定，就不会出现暂停的项目，也不会出现资源的重新调整，那么所有项目都可以继续进行。资源就会被稀释并分散到这些项目中，导致了项目的进展非常缓慢。

如果对太多的工作都排定了较高的优先级，那么组织可能会在一些项目上取得很小的进展，但在任何项目上都不会取得能够创造价值的进展。在排定优先级上的妥协，将损害组织的竞争优势。

全部都做——这种情况要求团队和资源每周工作80小时，在多个“高优先级”项目上都取得可衡量的进展。有时候，在初创公司的早期阶段，这种方法是必要的，但也只能在短期内保证资源可用。

通常情况下，每周工作80小时的解决方案，是由于高层领导者没有能力确定关键项目的优先级顺序而让团队和资源来承担项目失败的责任。在短期内，这种策略可能产生一些效果，但是，这种加速的价值交付是不可持续的。从长远来看，这种策略会耗尽团队精力，营造有害的工作场所环境，并导致人员流动。

分析型瘫痪——分析型瘫痪的破坏性稍微小一些。当组织中的高层领导者不急于采取行动，未能按照排定的优先级顺序开展工作，以及指导团队和分配资源时，就会出现这种情况。高层领导者反复讨论各种假设的情况，会消耗大量的关键资源，浪费大量的时间，无法创造价值，并在优柔寡断的同时制造了谨慎考虑的假象。

受分析型瘫痪困扰的组织无法推进关键项目。当组织花时间反复考虑为了项目的下一次评审会议要开发哪些内容，而导致只能承担一些低价值的工作时，团队的士气就会受到影响。当最终做出决定时，已经花费了太多的时间，浪费了大量的精力，这些损失原本都可以由果断的领导者通过排定严格的工作优先级来避免。

所有的项目都是高优先级的——最糟糕的情况是，高层领导者告诉下属把所有事情都放在最高优先级上，“想办法”解决。要想确定优先级顺序并不容易。高层领导者会将他们个人的名声、信誉，甚至他们的职业生涯与这些排定优先级的决定挂钩。这在一定程度上证明了组织支付给高层领导者的报酬和津贴是合理的。组织的期望是领导者能够了解组织的业务、战略和团队，因此能够做出这些艰难的决定。实际上，高层领导者是通过排定工作的优先级来获得报酬的，但是他们把排定优先级的艰难决定和结果都交给了下属，所以，这是不可接受的。

要避免这些情况，项目需要遵循常规的、严格的排定优先级的流程。这似乎是显而易见的，但许多组织往往忽略了这一点，或者在关键时刻没有能力执行下去。正如进行安全规划和应对灾难规划那样，无情和严格的优先级不能是被动的或情景化的，它必须变得像每天上班那样——常规化和自然化，并且随着时间的推移，越来越容易坚持下去。在组织中，排定优先级是常态化的工作，任何暂停或偏离都会产生影响。如果组织开始依赖排定优先级的流程，甚至认为它是理所当然的事情，这是一件好事——意味着所有级别的人都已经认同了这项工作，建立了节奏，这就形成了一个自然而然的工作流程。

现在的挑战是如何把这一切落实到位。就像所有的变革一样，人们需要意识到问题的存在，以及解决问题的重要性。一旦组织遵循承诺，将严格的优先级顺序落实到位，他们就需要每周都坚持执行。从首席执行官开始，在评估优先事项和认识到将有限资源作为价值创造引擎的关键作用时，必须有问责的机制和严格的环境。对于排定优先级这项工作，领导者可以大力推动，但必须是有选择性的，而且只有在优先级支持的情况下才可以这么做，否则的话，就可能让团队成员筋疲力尽。

严格的优先级顺序意味着组织中有几个至关重要的项目，需要由高层领导者负责，对这些项目进行排序并采取相应行动。这也意味着高层领导者愿意付出努力，并收集数据和遵循流程，来支持所做出的决策。例如：

- 从一个重要的项目中抽取资源，并处理后续影响，以便执行一个更加重要的项目。
- 推迟或取消“可有可无”的项目，这些项目取悦了一些干系人，但几乎没有创造价值，也没有提高组织的竞争优势。
- 为了能够抓住一个新业务的机会窗口，可以暂停一些项目，而且可能需要把接近完成的产品发布向后延期。
- 安抚一个愤怒的客户，从而可以多赢得一个Sprint的时间，让一个接近完成的产品得以发布；或者恰恰相反——延迟本次发布，以便能够安抚这个愤怒的客户。

最后，这意味着每2～4周都要对项目和产品组合进行仔细检查，如果有新的需要或发生变更，还要重新做出决定。这需要一个结构化的敏捷治理过程。我已经在一些组织中实施了这种方法，也指导了一些组织来构建和实施这种方法。我并不是说这是最好的或者最完美的敏捷治理方法，但是它对我来说是最有效的。

敏捷治理

高层领导者负责管理组织中的项目、项目组合和产品。高层领导者还负责在项目和新产品开发工作开始之前对它们进行评估，以确保这些项目和工作适合组织及其目标。高层领导者必须对结果和度量指标进行评估，以确保项目按计划进行，并能够交付预期的价值。

敏捷需要高层领导者持续关注治理和决策制定，其中一个原因是敏捷实施是按照迭代节奏进行的。如果高层领导者不能提供持续的输入和及时的决策，尤其是那些与优先级相关的决策，敏捷项目将停滞不前，或者项目所交付的价值将减少。

敏捷项目治理和计划驱动项目环境中的治理，二者之间最大的区别是获得治理所需相关信息的节奏和频率。高层领导者如果习惯于基于阶段的项目环境，他们可能期望每月召开一次高层领导者的讨论会议，在会上做出项目决策，或者仅在会上进行讨论，而把决策推迟到会后进行。这样的环境和方法将扼杀敏捷项目，导致项目停滞、失败，并最终阻止项目向组织交付价值。

使用度量进行敏捷治理

在敏捷实施的环境中，高层领导者应该期待看到组织内各种项目、产品和价值流的频繁更新。敏捷团队开展工作所依赖的路线图是由高层领导者按照组织战略和目标设定的。在发布计划中将描述如何实现这些目标的具体步骤，然后，各个敏捷团队将在Sprint中开展具体的执行工作。

高层领导者为治理流程提供了重要的信息和观点。高层领导者提供的这些输入，代表着销售部门、面向客户的运营部门（如客户实施或客户合作）、产品支持部门及产品管理部门的观点。组织必须对所有这些信息和观点进行充分考虑和平衡，以便为敏捷团队和项目提供指导。高层领导者可以基于这些输入和评估结果，调整发布计划的整体目标和Sprint的实施，以满足组织不断演进的需要。

在敏捷环境中做出领导决策

高层领导者在发挥领导力和进行项目治理时，往往需要做出一些具有挑战性或者不受欢迎的决策。在敏捷环境中，高层领导者必须迅速做出决策，从而避免敏捷团队花很长时间等待领导者的决策或障碍的清除。

高层领导者需要根据收集的信息，以及正在进行的Sprint和发布的结果，来指导项目和项目团队。他们必须考虑在发布中完成已提交特性的可能性，以及技术或资源挑战带来的风险。针对那些有风险的特性或可交付成果，高层领导者必须提供指导和做出决策，从而确定是放弃执行，还是推迟交付；或者放弃那些不那么重要的特性，而把精力聚焦在那些必须交付的特性上。

领导者还必须考虑外部因素，如客户请求、来自销售部门的输入、竞争环境中的动向，以及那些重要的面向客户的项目或实施，这些因素往往依赖正在进行中的敏捷项目，或者受到敏捷项目交付成果的影响。高层领导者需要将这些外部因素与项目和团队的进展结合起来加以考虑，同时，还需要考虑项目治理或产品的因素，以及保持敏捷项目的整体流程不断变化，然后提供指导和做出决策，从而让组织从决策中获得收益、实现价值。

敏捷中高层领导者的仆人式领导力

仆人式领导力是敏捷项目管理实践的核心原则。在项目团队层面，Scrum Master / 敏捷项目经理被期望成为合格的仆人式领导者。在企业高层层面，有效的仆人式领导力更加重要，因为它为组织设定了基调，确保领导者专注于对团队进行授权，并及时做出决策，从而清除任何阻碍团队前进的障碍，最终确保团队拥有向组织交付价值所需的资源。这使得组织能够充分利用敏捷方法，并从中获得收益。

如果高层领导者习惯于正式的或传统的管理层级结构，那么他们必须认识到，在敏捷中，有效的领导者为组织中的员工服务，从而交付价值。在现代的商业环境中，高层领导者应该做到欣然接受组织结构的转型，从官僚主义的、基于地位的、等级制度的组织结构，向更加扁平化、更加精益、专注于价值创造的组织结构转变。企业高层的仆人式领导者需要意识到，在敏捷环境中工作的授权团队需要得到领导者的保护，领导者需要尽全力帮助团队，使他们能够以客户为中心有效地开展工作。

缺失仆人式领导力的影响

成功地使用敏捷实践来交付价值，需要组织中的每个人都担负起责任，只有如此，才能让工作顺利进行下去。当高层领导者不能做到这一点时，流程就会崩溃。如果没有治理，没有排定优先级，没有持续的反馈和战略方向，没有持续地关注并消除组织面临的障碍，敏捷团队就不可能有效。

如果高层领导者只是关注等级结构而忽视了价值创造，将导致敏捷团队和项目进展缓慢，最终成为价值交付的障碍。如果高层领导者无法担负起自己的职责，没有去做那些为了让敏捷在组织中发挥作用而必须做的事情，这将对客户和团队造成伤害。如果敏捷领导者不参与Sprint评审，不询问团队是否需要帮助来提高绩效，那么他们就无法通过敏捷实践来帮助员工、团队和组织在迭代中提高生产力。

那些期望使用敏捷实践来“修复”项目，使项目“进展更快”的高层领导者；或者那些期望不投资于敏捷实践、不改变文化，也不改变自己行为，就能够获得敏捷实施的好处的高层领导者，他们最终要为敏捷项目和敏捷实施的失败负责。那些展现出仆人式领导力的高层领导者，可以使他们的组织获得敏捷实施的好处。仆人式领导者应该提供必要的指导和资源，对敏捷团队进行授权，并帮助团队清除那些影响价值交付的障碍。

总结

高层领导者为敏捷环境中的项目成功或失败设定了基调。创建一种勇于承担责任、及时决策、支持排定优先级顺序，以及仆人式领导力的文化，有助于培养敏捷和混合敏捷的环境，敏捷实施就更加可能取得成功。如果高层领导者不能或者不愿意采取这种方式，那么就会对他们的组织、项目和员工造成严重的伤害。敏捷是关于价值交付的，高效的敏捷高层领导者会尽一切可能，确保通过自己的领导力清除障碍并创造机会，通过敏捷实施快速实现价值交付。

在第12章中，我们将讨论实施敏捷的方法。我们还将讨论实施敏捷方法时遇到的障碍，并审视一系列应该关注的问题，从而确定组织是否准备好开始实施敏捷或混合敏捷。

第12章

实施敏捷

尝试一下敏捷

（作者注：读者会注意到第12章的大部分内容也出现在了第2章中。这是有意设计的，目的是让读者在学习或参加培训时，可以将本章内容作为独立的材料加以使用。）

最成功的变革往往是一小群实践者做出了决定，然后马上就采取行动。无论是这些实践者在其他地方使用过一种方法，并希望将其带到他们的新组织中；还是他们听说过一些不同的方法，并希望进行尝试——这群实践者认为自己可以改进工作方式，他们自发的兴趣和热情是成功的基础。这就是当时我所在的Promega公司中“.NEXT”团队决定尝试特征驱动开发的场景，然后，随着我们对敏捷的了解越来越多，我们扩展了敏捷的应用。

有时，要在某些项目或组织的选定部分中尝试使用特定的、不同的项目管理方法，这是高层领导者的决定。通常，这种决定包括告诉开展工作的团队，他们将要开始使用敏捷方法，而不是他们以前一直所使用的方法（以前最有可能的是基于阶段的方法或计划驱动的方法）。这样一来，实施可能进展顺利，也可能面临困境，这取决于当时的具体情况。尝试在不适合敏捷框架的项目中使用敏捷，或者将敏捷实践硬塞到人们还没有准备好或带给组织文化极大挑战的环境中，以上这些情况肯定会导致糟糕的结果，而且对于把敏捷作为项目管理方法的这种行为，人们会产生负面的看法。

评估项目

当评估哪种方法（敏捷方法或传统的计划驱动方法）可能最适合某种类型的项目时，需要考虑很多因素。在计划驱动或瀑布场景中，环境被假定是可预测的——我们假定在处理混凝土、砖、钢、玻璃等项目时，存在一种稳定的趋势和思维方式。所有东西都只需要被制造一次，然后在很长的一段时间内保持不变——使用寿命很长，就像建筑物、船舶或发电厂那样。

像这样的项目，目标往往是固定的——我们一开始就知道要达到的目标是什么，并且我们知道这个目标不会发生改变。事实上，在这些场景中，一旦项目开始执行，人们就不希望发生变更；而且如果在这些场景下允许变更，可能对项目是有害的。我们必须考虑项目计划，就像考虑从步枪里发射子弹一样——一旦发射了子弹，我们就无法引导它沿着轨道飞行——我们必须在确定射击时就已经瞄准了目标，所以我们要花时间仔细地瞄准。

这意味着我们在项目一开始就需要大量的战略层面的信息输入。

这有助于制订一个非常详细的计划，使我们能够击中那个静止的目标。在适合计划驱动或瀑布方法的项目中，通常我们因交付了大型项目而获得规模经济效益，或者因发布了一个项目的大型增量成果而获得规模经济效益。所以我们非常强调控制、管理所有的结果、努力坚持计划，以及评估我们的进展并进行调整，从而严格执行计划，以实现我们的目标。

现在，让我们考虑一个非常不同的项目环境。在这种环境中，项目成果可能难以预测，因为快速变化是常态，这在软件开发、电子商务、手机游戏、生命科学研究或新产品开发等环境中经常发生。在这种环境中，目标通常是移动的。变化是有好处的，如果我们拒绝变化，就会产生不好的影响，导致我们的项目结果受到损害。

一旦工作开始执行，我们就会像引导导弹沿轨道飞行一样，前提是我们可以指导自己的工作。你发射了导弹，你就启动了工作，然后你可以进行航向修正，以确保你击中移动的目标或实现预期的成果。我们在整个项目生命周期中寻求战略层面的信息输入——这不是预先给出然后固定不变的东西，而是我们不断寻求的信息输入，从而可以确保我们在正确的轨道上。

快速反馈使我们能够接近并击中移动的目标（就像猎豹追赶羚羊一样），这很可能代表了一个项目的战略目标。我们可以通过快速的、迭代的发布来保持项目成果的相关性，这样价值就可以得到评估，并与不断变化的战略目标保持一致。我们通过不断地调整来实现我们的目标，因此为了获得适应性，我们放弃了一定程度的控制。

表12-1说明了项目的瀑布和敏捷特性。

表12-1 项目的瀑布和敏捷特性

瀑布	敏捷
环境是可预测的；稳定是常态；混凝土/砖/钢/玻璃——几十年都一样=瀑布	环境是难以预测的；快速变化是常态；高科技、每周变化=敏捷>Scrum
静止的目标	移动的目标
变化是不好的；放任自流是有害的	变化是有好处的；抵制变化是有害的
工作是可定向的，就像子弹一样——瞄准，瞄准，开火	工作是可引导的，就像飞行中的导弹——修正航向，瞄准，开火，瞄准
仅在开始时需要战略层面的信息输入	在全程中都需要战略层面的信息输入
详细计划——静止的目标	快速反馈——移动的目标
通过规模获得规模经济效益	通过快速迭代发布实现相关收益
强调控制以实现目标	强调适应以实现目标——放弃一些控制

评估组织

当我在2011年开始教授敏捷项目管理时，我在课堂上问过这样一个问题：“你的组织准备好采用敏捷作为项目管理方法了吗？”正如我在2020年所写的更恰当的提问：“为什么你的组织不准备变得更加敏捷呢？”在21世纪的前10年里，《哈佛商业评论》发表了一系列关于商业领域敏捷实践的文章［Scrum是竹内弘高和野中郁次郎1986年在《哈弗商业评论》发表的文章中首次提出的］。这些文章［许多是杰夫·萨瑟兰和竹内裕仁共同撰写的］考察了敏捷实践的日益普及，讨论了对此持谨慎态度的专家和学者的观点，以及提倡采用敏捷实践的观点。“组织敏捷力”作为一个新的流行语随处可见（在编写本章的内容时，我确实收到了一封邮件，标题就是“组织敏捷力”）。

敏捷和混合敏捷方法已经从新产品开发和软件开发领域转向许多其他垂直领域和不同类型的组织中。这样的组织如约翰·迪尔（农业设备公司）、美国公共广播电台（公共广播电台）、萨博（喷气式战斗机公司），以及一个著名的酒厂。以上只是组织采用敏捷实践的几个少数案例，这些组织采取了某种工作方法（如混合）来提升管理和运营水平，让员工走出职能筒仓，并进入新的和不同的思维方式（Rigby，Sutherland 和 Takeuchi，2016）。

评估你的组织是否处于向敏捷项目管理方法或混合敏捷方法过渡的有利位置是至关重要的。在你考虑引入一种新的项目管理方法时，应该考虑和评估许多方面。对你的组织进行全面、可靠和真实的评估，可以让你对将要攀登的山峰有个感性的认识。

首先要考虑你的组织文化。文化是一个复杂和多层次的因素，但一个重要的和明显的考虑因素是接受或容忍文化变革的意愿。变革从来都不是一件容易的事，如果组织文化特别抗拒变革，或者组织在过去经历过变革困难，那么采用敏捷或混合的方法进行项目管理就会特别困难。

在高度管制的行业中运作的组织，可能发现“完全的”敏捷是不适合的或不支持组织中的其他流程，也不能提供一个比计划驱动的项目管理方法更舒适的环境。也就是说，有些实践者已经在受监管的环境中实施了敏捷，并适当关注测试和验证的流程。在这样的组织中，混合方法可以很好地工作，将计划驱动和敏捷项目管理的元素加以混合，从而达到预期的结果。

与官僚主义较少的扁平组织相比，层级多和高度官僚主义的组织可能发现采用敏捷更加具有挑战性。对于那些已经精简了流程，并削减或避免了官僚主义的扁平化组织来说，敏捷中固有的那些持续和通用的非正式沟通流程，将自然而然地得到采纳。

认真审视一下你的中层管理人员。随着组织的成长和成熟，很普遍的一种现象就是中层管理人员的数量开始增长。通常中层管理人员倾向于关注界定和保护他们自己的地盘，组织必须解决这样的问题，而且理想情况是在考虑引入一种方法之前就解决这些问题。

官僚机构和中层管理人员的地盘，听起来相当令人生畏，但鉴于我的工作地点（威斯康星州麦迪逊市），我为许多组织进行过敏捷培训和教练，其中包括州政府机构和州立大学的IT部门，以及麦迪逊附近的大型保险公司。这些组织认为尝试采用敏捷实践或混合敏捷方法来改进它们的项目交付和运营执行是值得的。

关键成功因素

与任何变革举措一样，有一些关键因素可以帮助增加采用新项目管理实践获得成功的概率。与任何变革举措一样，组织中高层领导者的支持和参与，是至关重要的。在组织中培养受人尊敬的布道者，他们愿意提供支持并能够让组织中的同行产生兴趣，这将对变革有所帮助，同时组织也会在采用过程的早期安排一些较小的项目，以快速获得一些成就。

一旦组织决定进一步采用敏捷或混合敏捷，计划和投入一些良好的培训是很有必要的。这为实践奠定了坚实的基础，并使组织中的大多数成员集中在同一层面上。发展和培训内部专家并结合可靠的外部培训，有助于确保组织处于实施新方法的良好状态，同时能开发良好的流程来支持实施。

成功实施的技巧

- 领导层的认同和支持。
- 布道者。
- 一些小的、快速的胜利——从小处着眼，评估，适应。
- 良好的培训——通用的培训。
- 开发良好的流程。

布莱恩·拉邦描述了一些实现敏捷项目管理的相关想法。拉邦指出，逐渐采纳和采取务实的方法是关键。拉邦还指出，并非一种方法的每个方面都应该教条地执行，因为（如前所述）公司的历史和文化会产生重要的影响。这再次说明混合方法可能是你的最佳选择。公司认识到历史和文化可能妨碍完全地采用敏捷，混合方法可以承认这些方面的现实，同时带来可取的好处。将变化作为敏捷的一部分是很关键的——使用敏捷的一个基本原则是接受变化。这并不意味着要放弃变更管理，而是要接受敏捷为项目中的变更，带来更加灵活的视角。

拉邦还强调了仆人式领导力的重要性。正如我们将在以后的章节中讨论的，对于在敏捷环境中工作的Scrum Master / 敏捷项目经理，以及高层领导者来说，仆人式领导力是非常关键的。拉邦提醒我们，作为敏捷环境中的项目经理，这意味着要关注团队，命令和控制的方法是行不通的。最后，拉邦建议寻找一个好的项目或客户作为试点敏捷实践的候选者。这个项目可能很小，不那么显眼，但是客户应该愿意并且能够完全参与到整个敏捷项目生命周期中来，并确保持续地参与 。

当尝试新的工作方法时，一个常见的做法是在低风险或不引人注意的项目中进行。这样，那些对试验新方法（如Linux服务器、敏捷开发、远程工作、弹性工作时间等）感兴趣的人，就可以在公开他们的实验之前看到哪些方法可行，哪些方法行不通。通过这种方式，一个组织中的一小群实践者可以尝试一些敏捷或混合敏捷的实用元素，看看在他们的环境中事情是如何进行的。作为一名培训师、顾问和领导者，我鼓励并支持这种做法，因为我已经多次看到这种做法可以起作用，而且其他做法（按照老方法做事）往往令人难以接受，因为尝试进行大规模变革就好比面对一座大山，无法一下子爬上去。

实例

我将在本书中介绍我在Promega公司使用混合敏捷方法的早期经

验。2009年，一位新的高级主管卡里（Kari）加入了Promega公司，负责营销和IT方面的执行监督。卡里曾在一家本地的咨询公司取得了成功，她在那家公司通过使用敏捷实践实施电子商务项目，以此来发展业务。加入Promega公司后，她组建了一个积极的小团队，他们愿意接受并发展我们已经尝试过的一些敏捷实验。卡里请来了一些值得信赖的顾问，并投入经费组织了一些培训，来帮助团队扩展兴趣和提高能力，我们开始越来越多地使用敏捷实践——不仅在IT项目上，在跨职能的营销 / IT项目上也是如此。

在CloudCraze公司，我加入了一个尝试使用敏捷（Scrum）的小型产品开发团队，该团队由副总裁领导，副总裁也相信在我们的软件开发工作中使用敏捷的必要性。考虑到我之前接受过培训，有经验，也有信誉（因为我已经开始在威斯康星大学教授敏捷），领导团队接受并支持持续学习和采用Scrum——不仅用于产品开发，也用于面向客户的软件实施项目。

在为一家大型健康保险公司做咨询时，我被要求启动并领导一个网络门户优化项目，该公司出于各种原因希望在该项目上尝试敏捷。尽管方案中存在挑战，但这项努力得到了高层领导者的支持。公司还接受了我的提议，举办了一些简短的半正式的敏捷导入培训，让公司内部对敏捷有了一些基本的认识。敏捷从那里起步——在我完成这项任务后，公司对PMO和IT部门进行了重大重组，并启动了敏捷转型项目。

典型的障碍

在许多组织中，采用和实施敏捷都存在障碍。人们普遍认为，严格实施敏捷会暴露或突出其他领域的问题——我想说的是，在敏捷团队中没有藏身之处，在敏捷组织中也是如此。

通常，障碍来自领导或组织层面。许多高层领导者认为敏捷是一种快速或神奇的解决方案，因此希望看到敏捷的好处，而不需要在支持业务流程和理念方面做出真正的改变。正如我们在第1章中所讨论的，高层领导者必须是变革的一部分，而且实际上必须是领导和组织层面障碍的清除者。

同样，在职能层面上，也存在许多障碍。团队成员，尤其是那些觉得自己不需要参加每日站会的成员，经常会找借口不参加会议；很快，随着他们对于每日站会不抱有希望，他们参加每日站会的价值也就消失了。照这样发展下去，每日站会本身可能也会运行不佳，或者以一种无纪律的方式运行，这也削弱了每日站会的价值，使人们不愿意参加。

由于实施敏捷最佳实践可能带来一些习惯上的改变（如在同一地点办公，以及随时准备好合作），团队成员也会加以抵制。成功实施敏捷所需要的团队协作和责任制，对于那些认为自己高高在上的人来说可能是个问题。同样，有些人不想为了敏捷团队中相对平等的地位而放弃他们的私人办公室或其他职务。

敏捷和混合敏捷方法依赖于产品负责人的持续指导和参与，很多时候，担任产品负责人这一角色的人工作太忙了，无法提供成为一名强大的产品负责人所需的密切参与和协作。也可能是他们不愿意或者没有能力做出艰难的决定，即他们无法对单个项目或者发布中要实现的特性待办事项列表进行优先级排序。

另一个障碍是，管理人员会使用敏捷生成的度量指标给团队施加压力。例如，管理人员没有使用速度作为可持续的绩效和吞吐量的度量指标，而是迫使团队更快地工作或承担更大的任务。

此外，还会出现更多的障碍，如组织中的某个部门（如IT或产品开发）选择采用敏捷，而组织中的其他部门仍保留管理项目的其他方法。同样，这是一个协调和混合的方法，它允许根据项目类型、部门需求和其他因素的灵活性做出最好的选择。前些时候，我注意到从2010年到2020年这十年间出现了令人鼓舞的发展趋势，显示出整个组织的敏捷力正在获得牵引，所以我们期待这些障碍会逐渐减少。

在软件开发中，思维方式的转变带来了极大的挑战，即从基于项目的软件交付模型向不断发展和持续的交付模型进行转变，在新模型中，团队可以维持一种定期增量发布的节奏。一般来说，以前的思维方式是在一个长期项目结束时，一次性获得所有的特性、收益和价值，而如果要转变这种思维方式对组织来说是一个问题，因为成员无法适应基于路线图的方法，在基于路线图的方法中，排好优先级的业务价值以增量、持续的方式进行交付。

在一些组织中，产品负责人这个角色是否具有相应的权力也是一个障碍。产品负责人需要艰难地做出选择，严格和持续不断地评估产品待办事项列表的价值，并能接受在当前的发布中交付一些需求，同时另一些需求留在以后的版本中进行发布。

看到自己力推的敏捷/混合敏捷方法的实施失败，人们或许会变得沉默，组织通常会经历这种情况，因为试图实施新方法的人最终会屈服于文化和组织的基础功能失调。组织中有影响力的人，通常是那些害怕、抗拒，或者怀疑任何项目管理新方法的人，他们会利用自己的影响力来破坏新方法的实施，因为他们害怕变革带来的影响，或者对于变革带来的价值缺乏耐心。为了应对这一挑战，敏捷教练的角色就变得非常重要和有价值，他们需要提醒组织为什么要采用新方法，并帮助组织评估如何让新方法的采用和实施走上正轨。

至关重要的一点是，确保组织中的每个人都明白敏捷并不等同于立即更快地交付。同样重要的是，要注意到，有时候团队所要采取的改变可能会暂时减慢他们的速度。经过观察，我多次提出建议，团队需要放慢速度才能走得更快。精益/敏捷教练汤米·诺曼（Tommy Norman）指出：

要谨慎地向干系人做出承诺，敏捷转型不会在一开始就提高交付速度。像Scrum和看板这样的方法有助于快速地暴露与交付相关的问题，但并不能解决这些问题。当第一次采用敏捷时，你将面临解决这些问题的机会，但这需要时间和实践。开始的时候，你可能会放慢速度，直到你能正确地解决问题。如果人们认为敏捷思维就是，在第一个Sprint结束时，生产力将获得显著提高，那么他们可能会感到失望，并开始认为实施敏捷就是问题所在。适当地设定期望值，有助于人们看到暴露和解决潜在问题的价值。让他们知道从放慢速度到加快速度的价值。

总结

实施敏捷可以采取多种形式。无论是从下到上的自发执行，还是来自领导层自上而下的决策，实施敏捷都会带来许多挑战和潜在的障碍。像任何重大的变革一样，组织文化往往是成功采用敏捷或混合敏捷实践的最大障碍。我们已经讨论了几种方法，可以用于尝试敏捷实施，并识别出一些组织中的元素，可以用于考虑敏捷是否适合你的项目或组织。

在13章，我们将讨论规模化敏捷实践的方法。我们还将讨论实施敏捷的方法和障碍，并审视一系列应该关注的问题，从而确定一个组织是否准备好开始实施敏捷或混合敏捷。

第13章

规模化敏捷的方法

确定规模化的时机和方式

敏捷方法在项目和组织工作中持续发展，逐渐演进出现了规模化敏捷方法。我将在本章中对相关内容进行概述和讨论。我将重点介绍对敏捷进行规模化的三种方法，尤其要重点提及著名的Scrum方法。有三种主要的规模化敏捷方法，它们非常重要：大规模Scrum（Large Scale Scrum，LeSS）、规模化敏捷框架（Scaled Agile Framework，SAFe），以及Scrum@Scale。

理解每种方法的关键组件，并认识到其优缺点，可以帮助实践者及其组织选择和实施最适合组织及场景的规模化方法。理解每个框架的关键元素，也将有助于实践者在已经或正在实施这三个框架之一的组织中开展工作。

根据具体情况不同，这些规模化敏捷方法各有优缺点。每种框架都非常详细和充实，并且可以为具备坚实基础的实践者提供最佳的实施体验，如LeSS和Scrum@scale。我建议有兴趣学习更多关于这些方法的实践者，可以在理解了敏捷和Scrum的基础之后，进行一些阅读并参加一些实践培训。

LeSS

LeSS是由克雷格·拉尔曼（Craig Larman）和巴斯·沃德（Bas Vodde）在2005年提出的。该框架主要使用了Scrum的核心元素，这些元素最初只被用于定义单个团队如何在每个Sprint中交付一个潜在可交付的产品增量，后来逐渐被扩展到跨团队的工作中。拉尔曼和沃德合著了一本关于LeSS的书——*Large-Scale Scrum：More with LeSS*，书中详细介绍了LeSS的实践和理念。本节中的大部分内容都是基于我阅读该书的总结。

LeSS提供了一个框架，可供多个团队来使用Scrum，共同创建完整的工作元素，然后将这些元素贡献到一个可交付的产品中。例如，两个或三个Scrum团队可以使用LeSS来协调、组合，以及向单个软件产品交付特性，可以是其中的一个版本，也可以通过持续交付完成。

根据拉尔曼和沃德的说法，在LeSS框架中，大型团队意味着多达5个团队，可能在一个或两个地点工作。在LeSS框架中，当达到数百个团队的情况和更大的场景如团队可能跨越多个工作地点时，就推荐使用巨型LeSS（Larman和Vodde，2016）。

LeSS的关键实践

根据Scrum和敏捷元素，LeSS有以下关键实践：

- 按照原样使用Scrum的核心实践，并将其应用到更大的场景中，不应将LeSS误解为Scrum的新版本或改进版本。
- 不向基本Scrum框架引入新的角色、工件或流程。LeSS在使用Scrum框架时，保留了对于自我管理和高度负责团队的关注。
- 提供持续和迭代的改进。与Scrum一样，它利用了不断发展的学习周期来改进产品和团队的实践。
- 采用PDCA循环，不断努力创造更好的产品，以更快的速度、更低的成本、更高的品质来满足客户的需求。
- 使用精益方法，如管理者作为老师，尊重他人，寻求改进，在发现缺陷时及时修复（Larman和Vodde，2016）。

聚焦于产品和流程

根据产品和流程的规模化，LeSS聚焦在以下方面：

- 依赖透明性，通过真正完成的工作产品、短时间盒的迭代、团队合作，以及鼓励实践而不惩罚错误的环境来贯彻执行。
- 聚焦于完整的产品，也就是说，不管团队数量有多少，只有单一的待办事项列表、产品负责人、产品及Sprint。
- 聚焦于价值，通过解决问题来确定客户需要获得的价值，如使用Scrum。
- 融入系统思维，需要理解并关注整个系统，着眼于系统整体的优化，而不是任何特定的子组件或个体。

- 依靠经验数据来评估和控制流程，依赖每个Sprint的实际结果来决定如何调整和改进流程与产品。
- 需要理解在研究和开发的场景中排队流程是如何工作的，以及如何处理在制品的限制和工作组件的大小（Larman和Vodde，2016）。

成功执行LeSS的重要实践

有一些实践对于成功地使用LeSS来扩展敏捷和Scrum是至关重要的。例如，LeSS依靠全职的Scrum Master在LeSS团队之间开展工作。正如Scrum那样，当组织致力于建立长期存在的团队时，LeSS的功能将发挥得更好。

当团队在同一地点而不是分散在不同地点时，LeSS是最有效的。当然，这并不意味着分布式团队不能工作，但LeSS更加倾向于团队在同一地点工作。LeSS依赖独立的团队，围绕一个单一的目标工作，而不是依赖项目集或投资组合所设定的方向，将工作向下推送给团队。LeSS需要跨职能团队，而不依赖共享服务（如单独的集成或架构团队）。在LeSS中，这些共享服务将拖慢团队的速度。LeSS中管理者角色的存在，纯粹是为了确保团队拥有成功所需的资源和知识，而不是规定团队如何执行他们的工作（Larman和Vodde，2016）。

何时使用LeSS

LeSS应用于单个产品时效果最好，因为该框架假设有一个单一的产品负责人、一个单一的待办事项列表、一个跨团队工作的Scrum Master，以及一个跨团队遵循的Sprint和发布的节奏。多个产品和多个待办事项列表的场景表明，基本的LeSS框架不是最好的方法。

例如，一家软件公司拥有单一的产品和单一的团队，当规模增大而无法有效使用基本Scrum时，就可以使用LeSS：它将维护由单一的产品负责人管理的单一产品待办事项列表。它将保持一个Sprint和发布的节奏，而不允许团队以不同的节奏进行操作。一个Scrum Master可能会和两个或者三个新组建的团队合作，帮助他们更好地利用Scrum和LeSS。

SAFe

SAFe是一个流程框架，可以帮助更大的组织来扩展敏捷实践。SAFe考虑了大型组织在寻求将敏捷扩展到多个产品、投资组合、项目集、工作流和团队时，所面临的需求和特殊挑战。与LeSS或Scrum@Scale相比，SAFe更加复杂，增加了更多的角色和结构。

SAFe基础内容的起源和发展要归功于迪恩·莱芬韦尔（Dean Leffingwell），他创立并领导了一家拥有和提供SAFe体系的公司。本节的大部分内容都是基于我对SAFe材料的阅读和评审，以评估我自己的理解，同时也能够在我的培训中进行讲授。SAFe是一个庞大而坚实的框架，如果想要使用这个框架，应该寻求更多的信息，或许需要获得一项SAFe的认证。

SAFe的关键实践

SAFe的基础是敏捷、精益产品开发和系统思维的核心原则。SAFe本身有四个核心价值观，即一致性、内建质量、透明度和项目集执行。

一致性，是指公司在战略产品和投资组合层面上保持一致。这确保了框架的较低层级（最关键的是产品负责人）也能理解组织的战略方向，做出明智的决策，并根据这种一致性为团队提供指导。

内建质量，是敏捷实践的核心宗旨。对于SAFe而言，从架构到设计和开发的所有流程都保证了质量，这一点尤为重要。随着组织规模的扩大，质量问题影响产品、项目集或投资组合的多个元素的机会将成倍增加。

透明度，意味着与所有敏捷实践一样，所有关于优先级、进展、改进机会、投资组合和项目集目标，以及战略的信息，对所有人都是可见的。

项目集执行，确保敏捷团队确实能够在一个经过协调的项目集层级上执行和交付。组织通常可以从单个的敏捷团队开始，但是在以协调的方式扩展这些敏捷团队时，遇到了一些挑战（“规模化敏捷框架——面向精益企业的SAFe”）。

SAFe的核心能力

SAFe的核心能力对其核心价值观进行了补充，这些能力有助于使SAFe成为一个成功的方法。这些核心能力是：精益敏捷领导力、团队和技术敏捷力、开发运营（Development Operations，DevOps）和按需发布、业务解决方案和精益系统工程，以及精益投资组合管理。

精益敏捷领导力，是指组织中的领导者具有创造环境和推动变革的责任，通过利用精益和敏捷的领导力实践与价值观，使SAFe能够取得成功。

团队和技术敏捷力，是指组织中的团队及其技术实践通过使用各种敏捷实践和方法，在与其他团队保持协调的同时，在Sprint中交付工作的能力。在SAFe中，这个框架被称为敏捷发布火车（Agile Release Train，ART），其中工作由各个团队交付，团队相互协调并为更大的整体做出贡献。

DevOps和按需发布，是组织有效地使用SAFe和最大化快速价值交付所必需的技术能力。DevOps是一种组织思维和技术框架，它与开发、生产、安全和业务运营流程保持一致。反过来，这使采用敏捷、SAFe实践和ART的组织能够在周期中的任何时间发布可工作的软件，从而尽可能快地交付价值。

SAFe被大型组织用来交付复杂的解决方案和系统。尽管这些解决方案的规模庞大且复杂，但SAFe使用精益系统工程、敏捷实践进行增量式的设计和构建，避免了大量的计划工作和阶段关卡。而且，它聚焦于交付价值，同时保持学习和适应的灵活性。

通过协调的方式来交付大型技术解决方案的精益和适应性原则，同样也适用于投资组合的管理，从而确保投资决策支持组织实现价值的最大化。无论是面向客户的产品，还是支持以向客户交付价值为目标的内部业务流程，都需要这些原则（“规模化敏捷框架——面向精益企业的SAFe”）。

如何确定是否适合使用SAFe

SAFe是为大型组织设计的，这些组织必须在多个产品、项目集和投资组合中扩展敏捷实践。SAFe假设或需要支持架构存在，如自动化测试和部署系统、架构路线图和跑道，以及支持多个ART和价值流所需的各种共享服务。

SAFe对于拥有500人以上和数百个团队的大型企业来说，是一个很好的选择，这些企业已经实现了业务运营的规模化，并希望将企业转型到更高效、更有效的敏捷交付模型中。

对于那些较小的组织、初创公司，或者不需要太多管理层级的组织来说，SAFe并不是一个好的选择。

Scrum @ Scale

我在2018年参加了Scrum@Scale实践者培训。我当时想参加一个关于Scrum规模化方法的正式培训，这也是一个很好的机会，可以直接向Scrum的联合创始人杰夫·萨瑟兰博士学习。本节的内容主要来自我所参加的培训和相关资料，以及Scrum@Scale网站的内容。

Scrum@Scale是一种规模化的Scrum方法，由Scrum的联合创始人萨瑟兰博士开发。萨瑟兰从20世纪90年代中期就开始对Scrum进行扩展，并在规模化的场景中引入Scrum@Scale作为核心Scrum实践的逻辑扩展。基于我当时的课堂提问，萨瑟兰说通过引入Scrum@Scale，能够弥补他认为LeSS和SAFe 存在的一些缺点。

Scrum@Scale是一个框架，在这个框架中，无论是针对软件、硬件、系统，还是服务，相互协调的Scrum团队都可以进行扩展以处理复杂的场景，并交付高价值的产品和解决方案。Scrum@Scale使用生物学中常见的自由扩展架构，如神经网络，使组织能够有效地协调无限数量的Scrum团队（Sutherland，2018）。

Scrum@Scale的实践

Scrum@Scale要求遵循和有效使用在《Scrum指南》（*Scrum Guide*）中规定的基本Scrum流程，将其作为Scrum@Scale的基础。Scrum@Scale利用这些实践的正确执行，并使用该框架在团队之间进行协调和扩展，不断改进和消除障碍，确保持续的优先级排序和计划，确保度量指标的持续透明，并通过潜在的可交付产品增量实现价值的定期交付。

Scrum@Scale聚焦于Scrum的两个核心角色——Scrum Master和产品负责人，以及他们为Scrum团队工作和服务的循环。Scrum@Scale 框架应用这些角色的自然循环，并对其进行有机扩展，从而可以协调多个Scrum团队的活动。

Scrum@Scale的核心原则之一，是使用类似于细胞的有机体特征来描述其自由扩展架构。这非常像有机体中的一个单细胞，它包含了该细胞的所有具体流程，并与其他细胞相互作用，从而生长和创造出更大的有机体。Scrum@Scale的Scrum团队也包含了具体的流程，并利用框架来扩展这些流程（Sutherland，2018）。

Scrum@Scale的关键实践

理解Scrum@Scale，首先要知道和理解Scrum团队、Scrum Master产品负责人的功能与职责。Scrum@Scale框架使用这些核心角色的功能与职责，并赋予这些角色强大的能力，然后扩展这些角色。Scrum@Scale的一些关键元素如下：

- Scrum of Scrums（SoS）—— 是一个由Scrum团队组成的团队，在Sprint结束时进行协调，以交付价值增量。在非常复杂的Scrum场景中，可以扩展成一个Scrum of Scrum of Scrums。
- 规模化每日站会（Scaled Daily Scrum，SDS）—— 是一种用于协调SoS，并确保消除障碍，同时共享经验教训以实现Sprint目标的方法。
- 高管行动团队（Executive Action Team，EAT）—— 是一个团队，它使组织发展与变革战略保持一致、监控度量指标、消除高层级的障碍，并确保决策和优先事项得到持续解决，因为决策延迟是敏捷环境中生产力的一个常见“杀手”。
- 敏捷实践（The Agile Practice）——是一个跨职能团队，在整个组织范围内进行指导和培训Scrum实践，以支持Scrum@Scale，这是Scrum专业人士不断学习的源泉。

- 元Scrum（The MetaScrum）——是一个由首席产品负责人领导的产品负责人团队。该团队负责不断地将产品愿景细化为单个待办事项列表，通过SoS的工作，最大限度地为干系人带来价值。一个关键的事件是定期召开元Scrum待办事项列表梳理会议，在该会议上，组织围绕单个待办事项列表进行协调，并为多个团队设定优先级（Sutherland，2018）。

如何确定是否适合使用Scrum@Scale

理论上讲，Scrum@Scale框架可以应用于任何规模或类型的组织，因为它具有自由扩展的架构。在实践中，需要检查一些关键因素，从而确保Scrum@Scale可以成为一个适当的规模化框架。

最重要的因素是现有的良好Scrum实践。Scrum@Scale依靠Scrum统一和严格的实践作为规模化的基础。那些不是真正敏捷的组织将与Scrum@Scale产生冲突。与Scrum本身一样，同一地点办公的团队对于Scrum@Scale的成功非常重要。

Scrum@Scale在结构扁平化和习惯于快速决策的组织中更加容易实施。它提供了一个框架，可以快速确定优先级顺序和做出决策，但也将暴露出那些更加官僚的组织中存在的障碍。

Scrum@Scale对于注重团队合作和奖励协作的组织是有益的。同时，它也会暴露出功能失调的组织，这些组织聚焦于个人和“头重脚轻”的结构，其代价是牺牲和损失了企业的整体价值交付。

确定你的组织是否已准备好进行规模化敏捷

尝试扩展任何商业实践都应该进行仔细评估，项目管理的方法也不例外。假设你的组织已经在敏捷方面取得了一些成功，你可能正在考虑现在是不是一个合适的时机来对实践和流程进行规模化扩展。也许你在一家小公司，有一个Scrum团队，但是你意识到这个团队已经发展得太大了，无法继续作为一个单独的团队。又或许你在一个更大的组织中工作，这个组织以一种特别的方式采用了敏捷，或者有一定程度的协调性，现在组织中的高层领导者认识到，如果有意识、有目的地进行协调，敏捷实践可以为组织服务。

也许，你的组织已经在一个项目中使用了一个大型团队来尝试敏捷，并意识到一个大型团队的效率不如在同一个项目中根据同一个待办事项列表工作的三个较小的团队。或者，也许你在一个政府机构工作，看到资金削减，但你的任务没有减少。这些只是我在工作中遇到的一些场景，这些场景要求组织和实践者，考虑一种或多种方法来扩展敏捷实践。其中有许多因素需要考虑。

变革的准备工作和其他因素

对于任何变革，组织对于变革的准备和变革意愿都是一个关键因素。在考虑敏捷扩展的准备时，一些关键因素包括:

- 领导力支持——组织中的领导者在成功使用任何规模化方法中都扮演着重要角色。他们必须接受变革，并负责支持必要的工作。
- 共同理解——组织应该通过共同的课程来对团队进行敏捷实践培训。在扩展敏捷实践时，建立通用的敏捷语言是一个关键。培训构建的共同基础是至关重要的。
- 现有敏捷实践的质量和严格性——组织应该已经在使用敏捷和Scrum实践，并保持高度的严格性，遵守核心敏捷和Scrum原则。
- 产品负责人——任何考虑扩展敏捷和Scrum的组织，都应该接受专职的产品负责人的概念。
- 认识到需要——想要扩展敏捷实践的组织，应该根据经验数据和观察结果认识到自己的需要。
- 中层管理者中呈现出协作和仆人式领导力的文化。一种文化如果不支持甚至可能反对敏捷的关键实践，肯定不会支持任何规模化敏捷的方法。

如果这些因素中的一部分或许多是缺失的，那么在组织中进行规模化敏捷之前，要考虑进行必要的工作或分析，从而缩小差距。

评估组织的匹配程度

LeSS更适合中小型组织，因为它最多可以在两个地点对五个团队进行扩展。SAFe更适合大型组织，Scrum@Scale在理论上可以扩展到任何规模的组织。

LeSS帮助交付单一产品的组织优化多个Scrum团队，从而协调单一集成产品的多个组件。SAFe旨在通过多种产品、投资组合和项目集来满足组织的敏捷规模化的需要。Scrum@Scale适用于使用Scrum开发和支持单个产品的组织，以及每个项目都对应单一客户且有多个项目的组织。

LeSS固有的价值观与组织是完全吻合的，并要求在实施过程中对许多管理角色进行重新评估。SAFe承认大型组织中存在的更具层级性的模型，同时概述了如何协调结构和敏捷实践以实现规模化的效率。Scrum@Scale扩展了Scrum团队、Scrum Master和产品负责人的Scrum模型。Scrum@Scale可以通过创建高管行动团队，利用现有的高级管理层结构。中层管理者的角色不再是指导工作，更多的是支持团队，确保员工在其职能领域内获得技能和知识的增长。

在研究组织模型时，考虑组织是按照产品或服务划分，还是按照职能和专业划分，这是非常重要的。已经按照产品和服务条线划分的组织，以及嵌入这些条线中的技术团队，将更容易适应和扩展敏捷。

敏捷实践假设不断地寻求和运用战略的信息输入，并且允许将组织设计成可以适应快速变化。LeSS、SAFe及Scrum@Scale可能更适合不同的战略计划方法。考虑到LeSS可能在较小的组织和较少的团队中应用，LeSS更能容忍较短的周期和更频繁的战略计划变更。

相比之下，SAFe在很大程度上考虑了架构跑道和投资组合计划。因此，一个组织如果战略计划实践不成熟，就不太可能实现SAFe的全部收益。Scrum@Scale适应过程的可预测性和适应性，以及产品设计的融合或涌现。因此，组织选择Scrum@Scale时必须考虑其对自身战略方面的理解。

例如：

- 考虑一家公司在采用敏捷和Scrum实践的早期，而在使用敏捷和Scrum时并不严格或规范。在使用敏捷方法方面获得成熟和一致性之前，这个组织不应该尝试规模化。
- 考虑一家快速发展的公司，它从一开始就使用敏捷。LeSS或Scrum@Scale可能很适合，但是这家公司对于使用SAFe来说还太早，或者可能发现SAFe的结构是令人窒息的。
- 考虑一家拥有100个Scrum团队的大型国家级的电信公司，它交付许多产品和服务。该组织可以利用其现有规模从SAFe结构中获益，但由于产品和投资组合的多样性，LeSS可能不是最好的方法。Scrum@Scale理论上可能是可行的，但可能不如SAFe更加适用。
- 考虑一家最近被收购的早期软件公司，它有效地使用了敏捷，并将其开发团队扩展到15人以上。LeSS是一个很好的选择，因为这个组织已经准备好将团队分成两个或三个团队，并且可以维护一个单一产品负责人和待办事项列表。SAFe可能不合适。Scrum@Scale可能会有用，但可能不如LeSS更加适用。

总结

扩展敏捷实践是一个重要的决定。我们需要认识到在开发和采用敏捷作为组织实践的过程中，何时是开始扩展的合适时机，它取决于许多因素。选择正确的方法也是非常关键的。根据公司类型、公司规模，以及整体的成熟程度，可能本章所描述的三种规模化敏捷方法中有一种是合适的。也许，还有一种不同的方法，包括混合方法，可能是对的，也可能是错的。将这些方法与其他项目管理和项目集管理技术结合起来，创建一个适合你所在特定情况下的混合模型，或许，这也是适用的。